PITTY

EL ORÁCULO

NUM3ROLÓG1CO

LOS NÚMEROS SON LA RESPUESTA,
SOLO NECESITAS SABER ESCUCHARLOS

KEPLER

Argentina – Chile – Colombia – España
Estados Unidos – México – Perú – Uruguay

1.ª edición Abril 2018

Copyright © 2017 by Pitty Asad
All Rights Reserved
© 2017 de la presente edición *by* Ediciones Urano, S.A.U.
Plaza de los Reyes Magos 8, piso 1.º C y D – 28007 Madrid
www.edicioneskepler.com

ISBN: 978-84-16344-26-0
E-ISBN: 978-84-17312-08-4
Depósito legal: B-5.212-2018

Fotocomposición: Ediciones Urano, S.A.U.

Impreso por Liberdúplex, S.L. – Ctra. BV 2249 Km 7,4
Polígono Industrial Torrentfondo – 08791 Sant Llorenç d'Hortons (Barcelona)

Impreso en España – *Printed in Spain*

AGRADECIMIENTOS

Quiero agradecer ante todo al Dios Supremo. Al Universo que me vio nacer. Al Cielo inmenso que conspira a mi favor siempre.

Quiero agradecer a mis hijos, a mi marido, José María, y a mis padres, Isabel y Emilio.

Quiero agradecer también a todos los seres de luz que me acompañan y a las almas bondadosas que sigo encontrándome en el camino. Este camino sorpresivo y maravilloso a la vez.

Quiero agradecer cada historia que me fue contada, cada intuición que tuve, tengo y honro.

Aquí, para todos ustedes, un pedacito de mi conexión con lo Alto a través del mágico mundo de mis queridos números.

Que lo disfruten.

¿QUÉ ES UN ORÁCULO?

La Gracia del Señor siempre nos acompaña y está presente en cada segundo de nuestra existencia como almas. Nunca estamos solos. El Universo, magnífico en su grandeza, ha estado vigilando los acontecimientos de nuestra vida sin que lo advirtamos. Uno tras otro. Año tras año.

Desde tiempos muy remotos el ser humano ha querido traspasar el velo que separa el mundo visible del maravilloso y misterioso mundo de lo invisible. Y para eso ha estudiado con sumo cuidado, a veces con mayor o menor suerte, diferentes herramientas a lo largo de la historia para tratar de descubrir las encrucijadas del destino.

El oráculo, ese mensaje o respuesta que las pitonisas daban en nombre de los dioses, es una de esas elevadas herramientas que conectó a la humanidad con el Cielo. Solo necesitamos saber escucharlo. Creado con inmenso Amor planetario, este hermoso oráculo numerológico es mi forma de ayudar a cada uno de ustedes a que detecte las señales y aprenda a seguirse en la vida.

Nada es casualidad bajo las estrellas. Ahora es el momento de reposar y respirar en calma. Las preguntas llegarán. Las respuestas también. Sientan. Sientan la paz de saber que están sostenidos por un flujo de vida que camina con ustedes el sendero sagrado. Hablen. Pregunten para callar la ansiedad que produce la incertidumbre de respirar. Naveguen mares increíbles de iluminación.

Porque iluminarse es llenarse de información. Y la oscuridad solo es falta de ella. Es andar sin guía en una habitación a oscuras.

Por eso, amigos, este oráculo constituye un GPS espiritual creado para acompañarlos. Se trata de una orientación pensada para tiempos de desamparo. Es un amigo en el camino que los ayudará en los malos ratos.

Con este oráculo podrán preguntar y obtener respuestas. Claro que las obtendrán. Serán los nuevos alquimistas de la luz y experimentarán la magia en sus vidas.

Porque los grandes magos empezaron su recorrido espiritual formulando grandes preguntas.

Sientan. Pregunten. Agradezcan.

Siempre.

Agradezcan al Cielo tanto Amor.

Gracias a todos.

¿Cómo usar este oráculo?

Utilizar este oráculo numerológico es muy sencillo. Existen dos caminos por los cuales vas a llegar a encontrar respuestas:

El camino de la intuición

Solo déjate llevar por la magia. Formula una pregunta que esté inquietando tu mente. Cierra los ojos con amor. Siempre con amor. Pide a tus guías que te den la respuesta a tu interrogante.

Abre el libro. Lee el mensaje que tus ojos encuentren. Déjate conducir por la Gracia. Y agradece al Cielo.

El camino esotérico

Toma lápiz y papel. Formula tu pregunta y escríbela en una hoja. A cada letra le corresponderá un número, según la tabla pitagórica.

TABLA NUMEROLÓGICA PITAGÓRICA

1	2	3	4	5	6	7	8	9
A	B	C	D	E	F	G	H	I
J	K	L	M	N/Ñ	O	P	Q	R
S	T	U	V	W	X	Y	Z	

Suma los números que les corresponden a las letras de tu pregunta.

¿Ya lo tienes?

Ahora búscalo en el oráculo numerológico.

Y sorpréndete.

LOS NÚMEROS MÁGICOS

1

Un arcoíris se despliega después de una gran tormenta. El nacimiento de algo nuevo transforma tu camino en fuego.

El destino pide que haya un alma en constante desafío. Se trata de un momento en que llega un fuego y trae tranquilidad y cambios. Nacimiento y acción van de la mano de situaciones límite.

SITUACIÓN SORPRESA.

2

Una persona fuerte y valiente vive una situación de ruptura y cambio. Ilusiones rotas. Es necesaria una transformación profunda.

El destino pide momentos donde se ponga a prueba la capacidad de frenar los impulsos, para luego reconocer que en el fondo de esa experiencia hay un aprendizaje.

APRENDIZAJE.

3

Un castillo arde en llamas. Aparece un hombre lleno de valentía, un héroe para rescatar a un alma débil. La ayuda llega desde las personas fuertes para los más vulnerables.

El destino pide que encuentres la respuesta en tu gran cualidad para esperar el momento del premio que tarda en llegar, y en tu nobleza para mirar la vida bella. No te rindas.

ALMA LUMINOSA.

4

Un hombre usa un arma con una punta torcida. Debe tener cuidado de no dañarse a sí mismo.

El destino pide darse cuenta de que si uno siente dolor y tiene malas intenciones, el daño puede caer sobre su persona.

ARTIFICIAL.

5

Un genio armado desafía a un soldado y, de repente, una bola de fuego cae en defensa del caballero.

El destino pide que lo superficial no termine excluyendo la parte espiritual que protege.

LO SUPERFICIAL.

6

Un artesano mira detenidamente todos sus trabajos. Los cuida y les pone mucho amor. La persona que admira sus trabajos logra una gran sabiduría y visión sobre la vida.

El destino pide esperar el gran cambio con paciencia para que en pocos minutos se haga realidad.

EQUILIBRIO.

7

Un muchacho al borde de un precipicio, a punto de caer al vacío, logra agarrarse de una planta. El susto es terrible. Pero no cae.

El destino pide resurgir a través de los problemas y del dolor para no perder la confianza. Ser débil y superarse van de la mano cuando un alma pasa los límites.

LA FORTALEZA.

8

Un caballero valiente cuida a su familia y a su gente. Vive en un palacio tras haber sufrido una guerra.

El destino pide tener coraje, fuerza, responsabilidad y un alto sentido del deber para transformarte en héroe. Tu situación es tan justa que nada malo pasará porque tu fuerza y tu moral te protegen.

LA PROTECCIÓN.

9

Una caravana de flores con buena música llega a tu encuentro como recompensa por haber hecho las cosas bien.

El destino pide que sepas que pronto estarás bendecido por momentos de alegría y beneficios espirituales.

BENDICIÓN.

10

Un grupo de personas aplaude muy fuerte ante la salida del arcoíris, que transmite fuerza positiva y sensación de progreso.

El destino pide que se manifiesten momentos de gloria y festejos, porque, sin miedos, la sabiduría del humano queda a flor de piel.

POSITIVISMO.

11

Un niño perdido por las calles llora y busca a su madre.

El destino pide que comiences a enfrentarte a la vida, borres las lágrimas y entiendas que pronto vendrá la solución.

CRECIMIENTO.

12

Una mujer llora una y mil veces por su príncipe amado. Muestra cierta inmadurez en relación con sus amores. Cuestiones poco claras. Aventuras sexuales, experiencias infantiles que no llegan a buen puerto.

El destino pide que se produzcan cambios internos y que vivas situaciones basadas en lo real.

EL CAMBIO INTERNO.

13

Caballero con espada luminosa llena de luz. Se necesita de las almas poderosas, justicieras, que siempre peleen por el bien.

El destino pide que seas justo y pleno en los desafíos. Habrá un mensaje que llega desde el más allá y traerá bendiciones en corto tiempo.

LA LUZ.

14

Un caballero se hunde en arenas movedizas y, enfrente, un campesino se ríe de él desde tierra firme.

El destino pide no obsesionarse con temas peligrosos ni confiar en tener el control de absolutamente todo. Se deben entender los riesgos que cada desafío presenta para evitar que los enemigos se aprovechen de esto.

RESPONSABILIDAD.

15

Un hombre triste mira cómo otros hombres luchan por una bolsa de oro. A un lado ve a su hermano comiendo y quiere alejarlo de las personas con malas intenciones o de la oscuridad.

El destino pide ver que en el camino de la oscuridad llega la luz. Cuando uno se mentaliza y trabaja para no contaminar su alma a pesar de que haya gente oscura cerca, la luz gana. Siempre.

CLARIDAD.

16

Un soldado herido en brazos de su amor. Porque siempre en un desafío o batalla puede surgir el amor. Así como también pueden surgir obstáculos.

El destino pide que atiendas a esa luz brillante, esa luz que puede convertir una noche llena de oscuridad en un día lleno de sol.

PERSEVERANCIA.

17

Un campo lleno de flores; en el medio crece un árbol con naranjas. Ser independiente, dar luz y marcar una diferencia.

El destino pide vivir para superarte y mostrar que eres diferente. En el camino se necesitará mostrar la sabiduría, dar la nota aun sintiéndose la oveja negra del rebaño. El premio llegará.

LA ABUNDANCIA.

18

Una reina vestida con oro y alhajas mira a los ojos, despectivamente, a una sierva.

El destino pide que no se pierda la integridad del ser. Tomar el camino de lo superficial demuestra poca capacidad para dar y recibir amor. Llevar una vida de apariencias convierte en poco real la situación actual.

FALSO LUJO.

19

Un hombre lucha contra una víbora. Aparecen otros hombres con armas para ayudarlo y salvarlo de esa situación.

El destino pide saber que el cambio está en el interior y no en el exterior. Ayudar a los enemigos eternos ocultos requiere de mucha atención, atravesar momentos en los que el cuidado de uno mismo es indispensable. Se trata de despejar el camino de trabas innecesarias y así lograr escucharse.

PRECAUCIÓN.

20

Un hombre llora porque lo despidieron de su trabajo; se exilia de su ciudad. Es una persona que logra aprendizajes a través de las penalidades. Porque cuando uno pierde cosas materiales aprende a sentir que lo pierde todo.

El destino pide que aprendas a transformar las situaciones de manera creativa para dar lugar a la imaginación. Así encontrarás la solución a los problemas.

CÍRCULOS.

21

Un grupo de ángeles rodea una cuna con dos bebés; una corona de flores llena de volados le da color. Se manifiestan ideas positivas, cuidados y nacimientos. Protegidos de cualquier situación, estos bebés representan lo puro y lo positivo.

El destino pide tener calma para recibir los cambios a favor que están por llegar.

NACIMIENTO.

22

Una mujer rica, con muchas joyas y con un vestido largo, se agacha para darle de comer a gente que está durmiendo en la calle.

El destino pide que, ante todo, recurras a la protección espiritual y a tu nobleza, para que el éxito sea garantizado como bendición por tus actos. La honra a flor de piel, no perderse del camino, mantenerse humilde desde el corazón y continuar siendo grande.

GRANDEZA.

23

Dos chicos se ríen mientras ven a otro que acarrea bolsas llenas de naranjas bajo el sol.

El destino pide que no desesperes ni sientas vergüenza frente a una situación, porque la bendición traerá justicia divina. La perseverancia traerá bendiciones y garantizará que se lucha por conectarse con lo bueno. Con sacrificio, siempre se recibe una recompensa.

PREMIO.

24

Un hombre encuentra una piedra de amatista mientras camina por la oscuridad. La piedra tiene un brillo especial y transmite energía y fuerza como un huracán que nace desde dentro.

El destino pide que estés atento porque una sorpresa vendrá y cambiará el mundo.

FASCINACIÓN.

25

Un hombre coloca un cuadro en una habitación sin pintar.

El destino pide que antes de un cambio o una transformación puedas ver con claridad si la pared está firme para sostener el cuadro. Es valorable el deseo de ponerle dedicación a una situación que en apariencia no tiene vida y energía. Siempre ayuda la actitud con que se hagan las cosas.

DESARROLLO.

26

Un bosque que se incendia y arde en llamas. Un campesino desea apagar el fuego con un balde desde su casa.

El destino pide que el alma que está en constante lucha logre estabilizarse por encima de situaciones límite. Las pasiones nunca llegan a buen puerto.

PASIONES DESMEDIDAS.

27

Un reloj con agujas que se mueven en sentido contrario.

El destino pide que estés receptivo para darte cuenta de la verdadera dimensión de la realidad, así como de las cosas nuevas que llegarán. Pensar que las situaciones son siempre como uno cree genera falta de energía y distracción, porque no se ve la realidad completa.

LA DEMORA.

28

Un pintor pinta un cuadro lentamente. Le lleva días y horas cumplir con su propósito. Cada persona o situación necesita su tiempo para que la belleza se manifieste.

El destino pide creer en sí mismo. Porque para que algo sea bueno, la dedicación es primordial. Y a fin de lograr un propósito, también. No te canses de crear.

LA PACIENCIA.

29

Crecen flores coloridas en un campo iluminado. El amor y la luz siempre se unen y generan buena energía. La expansión y el crecimiento llegan de la mano de todo el trabajo realizado durante tanto tiempo.

El destino pide tener calma. El momento para las bendiciones y los premios siempre llega.

LA CERTEZA.

30

Una mujer roba documentación de una cartera y es atrapada por la policía, que llega justo en el momento del hurto. La justicia divina existe y cuando se manifiesta, deja al descubierto una situación injusta, nefasta.

El destino pide que todo se aclare y se conozca, incluso, hasta el crimen más armado.

JUSTICIA.

31

Un gobernador premia a un soldado que siempre ayuda a los demás ciudadanos. Esta persona utiliza la humildad y el compañerismo agotando todos los recursos para ayudar al otro.

El destino pide que se use la valentía y la solidaridad. Porque quien las usa siempre será reconocido y premiado con el amor incondicional.

RECOMPENSAS.

32

Una mariposa que vuela de manera muy divertida se posa sobre la nariz de un león. No tenerle miedo a la fuerza es la clave del avance. La inteligencia va de la mano del amor y de la alegría.

El destino pide sortear los miedos: ese es el secreto del éxito.

ALEGRÍA.

33

Un perro feroz corre hacia un niño para morderlo. El niño es salvado por su madre, que lo toma en sus brazos y salta un paredón. De repente, el peligro puede aparecer incluso ante la inocencia.

El destino pide que llegue la protección espiritual. Y surja en forma inesperada y sorpresiva.

LO SAGRADO.

34

Dos chicos arrastran a un pobre caballo por un camino dándole palazos. De repente, el animal se escapa y llega a ocultarse en un lugar placentero.

El destino pide que la fuerza interior salga a flote en momentos de dolor, así como poder contar con la gran protección que todo lo revierte. Abusar de un ser débil trae malos augurios. La seguridad de tener a alguien bajo presión nunca resulta.

FUERZA INTERIOR.

35

Durante muchos días un hombre arroja en la tierra fértil un puñado de semillas, que crecen rápidamente dando flores firmes y llenas de perfume.

El destino pide que tu objetivo jamás sea denegado o perturbado. Sembrar buenas bases hace que todo crezca con amor y prosperidad.

BUEN TRABAJO.

36

Un bibliotecario le ofrece un libro a un estudiante con todas las respuestas que necesita para aprobar su examen. Recibe una fuente de luz eterna con la posibilidad de avanzar.

El destino pide contar con el reflejo de la luz del sol, que resuelve los problemas a favor.

ILUMINACIÓN.

37

Un paisaje lleno de aire primaveral con pájaros alrededor y cascada con arcoíris. Positividad, encuentro con la paz y alma relajada.

El destino pide ser bendecido por los propios esfuerzos. La felicidad y el alivio surgen frente a los buenos vientos.

PRIMAVERA.

38

Un hermoso caballo blanco carga a una princesa. Ella se ve reluciente: lleva una canasta de flores y una sonrisa repleta de amor y de luz. Lograr la paz interior y tener siempre esperanza en la vida trae buenos resultados.

El destino pide que, aunque pienses que no podrás concretar los deseos más profundos, mantengas la esperanza en la vida.

EL GOCE.

39

Dos pájaros dan picotazos en un gorro lleno de frutas mientras un señor roba miles de cajones de un camión. Cuando uno transforma su vida en egoísmo y avaricia y se adueña de cosas que no le pertenecen, recibe de la vida situaciones de engaño y traición.

El destino pide tener más habilidad para crear felicidad interior y no querer saber todo de la vida.

PELIGRO.

40

Un caballero mira atentamente la nada misma y siente temor y ansiedad frente a una respuesta que espera.

El destino pide no tener miedo a lo desconocido y confiar. La conexión con el alma es la respuesta frente a los desafíos que vienen.

REFLEJOS.

41

Un camino lleno de piedras y árboles muestra a lo lejos un paisaje con un arcoíris maravilloso. Caminar y confiar en lo que viene es ley.

El destino pide creer en uno mismo y sentir que al final del camino la gratificación será una bendición.

LO BUENO.

42

Dos flechas cruzadas, llenas de fuego, protegidas por una luz violeta. Lo supremo vendrá de la mano de los ángeles que anuncian que en tu camino llegará lo inesperado.

El destino pide seguir unido a los deseos y a la lucha constante de lograr el propósito.

PROTEGIDO.

43

Una hermosa piedra de cuarzo se encuentra en un viejo pantano. Las cosas de la vida que poseen pureza son increíblemente inevitables. Dan sorpresa y satisfacción. Constituyen la parte espiritual cristalizada.

El destino pide entender que los premios que llegan a la vida después de mucho tiempo son el resultado de un trabajo duro y de muchas experiencias.

LOS PREMIOS DEL UNIVERSO.

44

Sentada en una esquina, una mujer llora y llora sus penas de amor, lamentándose por todas las cosas materiales que no ha podido lograr.

Las personas que siempre están buscando por fuera y no mirándose por dentro tienen un gran vacío interno.

El destino pide un cambio radical y empezar a conectarse con las cuestiones más sagradas.

DEJAR LO VIEJO ATRÁS.

45

Un soldado ensangrentado y herido mira hacia el costado y ve un león. Un león imaginario, lleno de luz, que le da fuerza interior para llegar al lugar seguro que le permita curar sus heridas.

El destino pide sacar fuerza interior y conectarse con la victoria de la nobleza. Desarrollar el autosacrificio y la transformación en los momentos de prueba.

FUERZA INTERIOR.

46

Una mano ensangrentada sujeta una rama de naranjo con espinas. No se quieren ver las situaciones límite de la vida, aun sintiendo que corre la sangre o que existe un gran dolor. Repetido patrón de aferrarse a situaciones que causan tristeza.

El destino pide un cambio de espíritu y entender que a veces las pérdidas son ganancias.

LA APROBACIÓN.

47

Una mujer llora desconsolada detrás de unas rejas, en prisión. Añora su libertad. Mira hacia arriba y ve un pájaro dándole un mensaje y generando un cambio interior. Al instante, recibe noticias de cambios.

El destino pide que en los momentos más cruciales de la vida y en los momentos más oscuros, el alma se conecte con la luz y pueda entender el mensaje positivo.

LA LIBERACIÓN.

48

Una mujer piensa en su amiga constantemente. Extraña los momentos vividos y sufre por el tiempo perdido.

El destino pide que se busque a aquella persona que pueda conectarte nuevamente con la felicidad. Los reencuentros siempre traen satisfacción.

EL REENCUENTRO.

49

Una mujer bellísima le da de comer a mucha gente con hambre. Detrás de ella, una luz maravillosa.

En destino pide que te llenes de bendiciones y te conectes con lo sagrado.

ALMA BENDECIDA.

50

Un chorro de aceite cae por encima de una obra maestra de dos mujeres maravillosas que trabajaron sobre ella durante meses. Estas mujeres sufren por este hecho.

El destino pide que sueltes las estructuras y esperes que las cosas fluyan para que se manifieste la energía de cambio.

APRENDIZAJE.

51

Un gran salón donde danzan y festejan hombres y mujeres con *glamour*. De repente un mendigo llama a la puerta y todos se asustan sin mirarle a los ojos a ese hombre.

El destino pide aceptar a los otros tal cual son dejando de lado las estructuras, mirando directo al corazón para poder conectar con su esencia.

LA SORPRESA.

52

Un hermoso arcoíris se asoma por detrás de un bello paisaje y proyecta grandes cambios.

El destino pide que te conduzcas de la mano de la naturaleza, que es simple, poética, romántica, llena de atracción y con grandes bendiciones.

LO POSITIVO.

53

Un hombre a punto de caer a un pozo recibe de otro hombre un maravilloso testamento lleno de bendiciones y de buenas noticias.

El destino pide que sueltes las preocupaciones del alma.

LO MÁGICO.

54

Un hermoso templo construido con maravillosas rocas inspiradoras se destruye mientras la gente grita y llora por aquel acontecimiento devastador.

El destino pide pasar a lo nuevo. Porque el cambio genera angustia y miedo aun sin saber que la sorpresa puede ser para mejor.

NUEVOS NACIMIENTOS O NUEVAS ESTRUCTURAS.

55

Una mujer mira a otra por detrás de un vidrio. Del lado de adentro, una mujer baila descalza, despeinada.

El destino pide el gran cambio interior y conectarse con la esencia más linda.

LO SIMPLE.

56

Un anillo de boda tirado al suelo y partido por la mitad. Símbolo de desarmonía, desilusión, ruptura, discontinuidad. Momento lleno de amargura y de tristeza.

El destino pide no conectarse con falsas relaciones, desintoxicarse y volver a comenzar.

EL DESAFÍO.

57

Una casa en llamas llena de miedos y dos niños a los que un grupo de bomberos rescata y saca del peligro. Momento mágico donde los problemas pueden ser terribles.

El destino pide cuidar mínimamente el alma y permanecer atento a los accidentes por negligencia. Exige responsabilidad frente a los hechos objetivos y sorpresivos de la vida.

LA LIBERACIÓN.

58

Una mujer sola llora por el viejo amor que se fue, siente que el mundo se termina. De repente, arriba de su cabeza aparecen una estrella gigante y dos pilares de luz en cada lado.

El destino siempre tiene preparado un gran cambio en la vida de una persona. Aun en los momentos de dolor se les puede dar fin a los aprendizajes y lograr finales felices.

LAS NUEVAS PUERTAS.

59

Un soldado trabaja duro durante muchos años para su coronel, pero siente que cumplió una etapa. Miedo al crecimiento, miedo a los cambios.

El destino pide que si uno no está cómodo en alguna actividad o relación debe cambiar y tomar decisiones en su propio beneficio antes de que lleguen el dolor y la angustia.

EL CAMBIO.

60

Una mujer llena de oro pasa por un camino y siente una gran conexión con el exterior. Le pide a su chofer que frene el coche y baja a caminar por un sendero lleno de buena energía.

El destino pide que, a pesar de poseer poder y lujos, puedas tener el valor de hacer pequeñas cosas y de aprender a disfrutarlas.

EL RELAX.

61

Dos mujeres charlan contentas acerca del casamiento de una de ellas. Una tercera que pertenece al grupo, agacha la cabeza y siente tristeza y soledad.

El destino pide no padecer ni sentir dolor por falta de felicidad plena. El momento justo siempre llega y llega para todos.

LO JUSTO.

62

Una mujer, con una tristeza interna muy grande, siente soledad y falta de fe. Se cruza con otra mientras camina por la plaza. Se miran a los ojos y se transmiten energía de paz. Sorpresivamente, empiezan a pasarle cosas que no esperaba.

El destino pide que tengas fe, que confíes en un poder superior.

LA FE.

63

Una hermosa hada madrina lleva un cuenco de luz a un alma llena de preguntas con pocas respuestas y la noticia de los buenos tiempos.

El destino pide no perderse en la oscuridad y entender que pronto habrá un giro sorpresivo en sus deseos.

LA EVOLUCIÓN.

64

Un hermoso gato se acuesta en la falda de su dueño, quien lo acaricia y le anuncia un gran cambio positivo lleno de buena energía.

Todos los animales intuitivos transmiten siempre una paz interior.

El destino pide aprovechar ese caudal de energía.

LA MEDITACIÓN.

65

Una serpiente enroscada en la mirada de una mujer que siempre busca lo que no tiene y anhela la sonrisa del otro.

El destino pide una y otra vez que cuides tu alma y no caigas en bajos pensamientos ni en vínculos que no sumen a tu vida.

LA PRECAUCIÓN.

66

Un león con mucha fuerza y entusiasmo cuida la espalda de una princesa que duerme en el bosque. La protección espiritual siempre es acompañada y las almas nunca están en soledad.

El destino pide que no te deprimas y que entiendas que los guías siempre te acompañan.

PROTECCIÓN ESPIRITUAL.

67

Un grupo de niños juegan en un charco con barro por largas horas, sin hacerle caso a un adulto que les marca los límites.

El destino pide no desconectarse y saber captar cuándo sí y cuándo no detenerse ante un episodio desafiante. Por debajo del barro pueden encontrarse situaciones que nos llevan a correr riesgos. Por eso, se necesita madurez y responsabilidad.

EL RIESGO.

68

Una mujer llora por un hombre en el cordón de una vereda; siente que nada más existe ni tiene valor. De repente, pasa un príncipe por delante de ella, con un carruaje de flores y una sonrisa placentera. Ella sigue llorando sin levantar la mirada.

El destino pide no aferrarse a los dolores del pasado y creer en un futuro. Ser obsesivo también trae dolor e impide ver el verdadero mensaje que tiene el Cielo.

LA OBSESIÓN.

69

Un caballito blanco se encuentra perdido en un camino. De repente, llega una luz potente que lo ayuda a salir de su angustia.

El destino pide avanzar y conectarse con lo más supremo de la vida. El caballo blanco representa la pureza de las personas y la luz, la llegada del mensaje a tiempo.

CONEXIÓN SUPREMA.

70

Una mujer camina por un sendero lleno de escombros. Decide cambiar e ir hacia el este sin darse cuenta de que es el tramo con mayores limitaciones.

El destino pide no bajar los brazos frente a los obstáculos y desea que siempre pienses que las pruebas son para sortearlas. Pide no apurarse ni hundirse frente a los obstáculos.

NO APRESURARSE.

71

Una muchedumbre de mujeres revoltosas habla sin parar. Al costado de ellas, un niño llora y llama la atención.

El destino pide prestar más atención a las necesidades del otro y no conectarse con lo superficial. También pide ejercer una excelente responsabilidad y desconectar de lo superficial.

FALTA DE ATENCIÓN.

72

Cinco personas festejan y hablan mal de otra. Al costado, el alma criticada siente una conexión suprema y un abrazo intenso del más allá con una noticia de hermosos cambios.

El destino pide no perder la fe y ver más allá de las necesidades de los otros.

LO SIMPLE.

73

Un hombre en terapia intensiva lucha por su vida; a su lado hay miles de personas llorando. En el cielo, una luz de protección y bendición muestra que esa situación no es más que una experiencia.

El destino pide no perder la fe y conectarse con el milagro más grande que puede suceder.

LA NOTICIA.

74

Una pareja llora de alegría por la noticia de la llegada de su bebé. Cuando nace algo y se transforma en positivo, no queda más que disfrutar de las noticias. Pensar en negativo hace que uno no logre sentir la felicidad completa. Cuando llega el amor y las buenas noticias, no hay más que disfrutarlas sin pensar que algo malo debería pasar después.

El destino pide disfrutar con alegría los acontecimientos que suceden, sin angustiarse, y vivirlos plenamente.

LO PLENO.

75

Una mujer se reencuentra con un viejo amor después de muchísimos años.

El destino pide alegrarse si se decide retomar el pasado. La clave para volver a situaciones que te movilizan y te conectan con el pasado es resolver lo que quedó pendiente.

Si no aprendiste, la vida te volverá a poner por delante esa misma situación para resolverlo. Vívelo con alegría.

NUEVAS OPORTUNIDADES.

76

Una oficina llena de trabajadores. En medio hay un empleado que siente la necesidad de irse de ese lugar. Los cambios siempre se sienten primero en el cuerpo. De cualquier manera la información llega.

El destino pide llevar a cabo un cambio urgente y no preocuparse por sostener estructuras sino por sentir la libertad de hacer que las cosas funcionen.

LAS DECISIONES.

77

Un festejo muy importante en un reino muy poderoso, lleno de almas confusas y superficiales que se miran las ropas y no los corazones.

Estar en contacto con lo superficial irremediablemente genera un vacío para la sociedad.

El destino pide que no pierdas la capacidad de conectar con el valor de la vida, pues eso hace que todo el brillo se transforme en algo mediocre.

LA DEPURACIÓN.

78

Dos tortugas caminan por un pantano. A lo lejos, un conejo pasa a toda velocidad sacándoles la lengua. Las tortugas se ríen y siguen su camino pacientemente.

El destino pide respetar el tiempo y respetar el propio tiempo. El hecho de ir más lento no significa no tener clara la llegada ni asegurarse el éxito de lo que emprendas. Las almas lentas también son exitosas.

LENTITUD.

79

Una mujer sueña con su príncipe azul. Un hombre piensa en encontrar a su princesa.

El destino pide entender que todo está escrito y que el amor siempre tendrá una conexión suprema y llegará en el momento justo.

LO AUTÉNTICO.

80

Un padre preocupado por su hijo obsesivo se angustia ante una situación de desafío constante. Con ganas de libertad, su hijo camina por encima de un precipicio.

Aunque el alma necesita libertad, el destino pide no obsesionarse con tener el control del otro, aun siendo un padre.

SOLTAR.

81

Una pareja rota que busca constantemente unirse desde el corazón y no desde la comunicación. A veces los corazones pueden estar unidos pero las mentes difieren. Tratar de entender al otro por medio de la fuerza hace que uno quiera manipular a las personas.

El destino pide que las parejas que formen o conecten tengan no solo conexión directa desde las almas sino que puedan crecer y unirse desde lo racional.

EL TRABAJO.

82

Una mujer siente una alegría inmensa y una felicidad plena por la noticia de su casamiento. Tocar el cielo con las manos y sentir alegría en el amor es parte de los premios de la vida.

El destino pide que disfrutes a lo grande la llegada de las buenas noticias.

BUENOS MOMENTOS.

83

Una mujer angustiada piensa en su marido y él, disperso, trata de no pensar en ella.

Dos almas que se vuelven a encontrar aun no queriendo recordarse ni resolver el sentimiento que los une.

El destino pide sinceridad en la unión sagrada y nuevas oportunidades.

LA RECONEXIÓN.

84

Una persona reposa en un hermoso lago con flores. Una luz en el cielo no para de brillar.

Haber logrado la plenitud en la vida hace que uno pueda avanzar libremente y que todos los resultados que emprenda sean maravillosamente positivos.

El destino pide conectarse con uno y sentirse lleno después de pasar por experiencias significativas y de aprendizaje máximo.

LA PLENITUD.

85

Dos amigos ríen y disfrutan del gran acontecimiento de la amistad y del amor. En medio de ellos, se asoma la cabeza de una serpiente. Uno de ellos siente el temor por la entrega del otro.

El destino pide no llenarse de malos pensamientos y poder trabajar a partir de lo que uno siente. Siempre la oscuridad se manifiesta para destruir lo bueno.

LA CONFIANZA.

86

Un hombre llora frente a un río lamentándose por lo perdido. Al costado, su ángel de la guarda le hace cosquillas en los pies con una mariquita o vaquita de San Antonio.

El destino pide sacarse los miedos y dejar de pensar tan negativamente. Una mente limpia y de buen pensamiento siempre revierte cualquier situación, aun la de las pérdidas más fuertes.

LOS LAMENTOS EN VANO.

87

Una familia se instala en una gran ciudad. Todo es nuevo y maravilloso. De repente, un gran cambio surge en forma negativa.

El destino pide avanzar aun en los momentos de prueba. El período de adaptación puede generar angustias pero siempre cada comienzo trae algo bueno.

LOS CAMBIOS.

88

Un jardín lleno de flores y mariposas. Un lago lleno de luz. Un pintor muy inspirado muestra sus mejores obras maestras.

Estar en el momento justo hace que uno pueda sentir plenitud en la vida y que las cosas fluyan a favor. El destino pide disfrutar de ese momento y pintar más caminos llenos de luz.

LA PAZ.

89

Un hombre vive en una casa con las paredes sin pintar, muebles gastados y habitaciones sin luz ni energía.

El destino pide la renovación de la energía y entender que los cambios se hacen desde dentro hacia fuera y que la necesidad de cada ser humano es transformarse para el gran crecimiento.

EL CAMBIO.

90

Una mujer parada frente a una vidriera. Dentro de la tienda, carteras importadas, vestidos lujosos y hermosos collares de perla.

El destino pide no generar falsas ilusiones con cosas superficiales. La belleza acompaña siempre el buen gusto pero nunca estuvo de la mano de los lujos. Pide poder desear las cosas pero no idealizarlas ni pensarlas como imposibles.

ESO QUE PENSAMOS QUE ES.

91

Un caballero espera la llegada de una carrera. Recibe regalos del reino: lo llenan de flores y frutas. Recibir bendiciones y alegrías siempre es bueno, pero estar esperando que se aproximen los halagos genera una gran ansiedad.

El destino pide poder disfrutar en los momentos de alivio y entender que, aunque hay un período de espera, lo natural siempre es una bendición.

TIEMPOS BENDECIDOS.

92

Una casa vieja se incendia totalmente. Se quema cada uno de sus rincones. De repente, llega un camión de bomberos y a través de la astucia y del uso de mucha agua logran que deje de arder.

El destino pide que no te mantengas apegado a cosas antiguas. Lo nuevo necesita espacio para entrar en el corazón y esto solo se logra soltando viejas estructuras.

EL DESAPEGO.

93

Dos personas que se quieren, de alguna manera, siempre están unidas. Una mujer, llena de dolor, decide partir hacia un lugar sin destino; un hombre, también contrariado y lleno de angustia, se queda en un sitio sin moverse. Pasa un tiempo y vuelven a encontrarse de casualidad. Se miran a los ojos e intentan nuevamente conectarse y volver a darse otra oportunidad.

Cuando una persona siente a la otra y el amor y el destino acompañan, nunca más en la vida pueden volver a sentir lo mismo con otros corazones.

El destino pide que comprendas que el amor es tan puro y tan sano que nunca termina.

EL AMOR VERDADERO.

94

En medio del dolor, una joven siente la necesidad de poder encontrar su camino. A lo lejos, un pájaro no deja de cantar, y al costado, una gran luz con mucha fuerza le dice que se anime a más. Esta mujer tiene como referente a un gran cambio que está por venir y una nueva estructura que está por llegar. Siente muchos miedos de los cambios pero avanza y puede confiar en ella.

El destino pide que no tengas miedo y que avances en tu propio beneficio, que los mensajes de alguna manera siempre llegan y que la luz trae nuevos caminos y nuevas experiencias.

LA SORPRESA.

95

Dos amigos juegan a un juego de azar, se ríen a carcajadas y se miran fijamente. Un tercero, muy relajado, siente la necesidad de participar y, de repente, se da cuenta de las miradas indiferentes de los otros.

El destino pide identificar a la gente cambiante, que tiene doble cara, para no desilusionarse. Pero también pide ver con claridad quiénes son las personas que tenemos al lado y hacen que uno pueda evolucionar. Aun cuando uno está disfrutando de ese vínculo.

LA DESILUSIÓN.

96

Un poeta poco inspirado se sienta, al atardecer, a sentir la energía para poder conectarse con la inspiración. De momento no recibe ninguna información y siente una angustia muy grande. A lo lejos se ve un gran sol que brilla y, por detrás, una gran energía fortalecedora que le permite conectarse con lo más simple.

El destino pide que el poeta sienta la necesidad de cambiar las viejas bases y empezar a recibir, él mismo, nuevas energías para generar un gran cambio en su forma de sentir. Comienza a escribir a través de una hermosa caminata, nuevas musas inspiradoras, nuevos párrafos maravillosos que permiten renovar su energía y convertirse en un nuevo artista con conexión.

LO NUEVO.

97

Una mujer decide dejar todas las reglas y todas las vallas de estructuras de su vida y se dedica a dar de comer todos los días a mucha gente; esto hace que, de alguna manera, pueda sentirse feliz.

Esta mujer también tiene un gran sufrimiento y ve un gran sufrimiento en los otros. De algún modo, tiene la necesidad de poder brindar este servicio. A cambio de eso, recibe una luz sagrada llena de buena energía que la cubre y la protege para seguir evolucionando y dando, a la vez, mucho amor a los otros.

El destino pide poder conectarse con gente que tenga esta misma energía y así seguir ayudando a los demás de manera habitual.

EL AMOR EVOLUCIONADO.

98

Una enfermera amorosa cura y limpia los pies de un anciano, cansados de tanta caminata a lo largo de su vida, tratando de darle una sonrisa cada día. El hecho de poder dar sin esperar nada a cambio y de convertirse en una persona con mucha luz para los demás hace que la vida siempre tenga una recompensa. Cuando uno tiene una luz especial y una energía maravillosa, lo supremo siempre bendice.

El destino pide que no cambies y que sigas en ese camino en el cual tu simpleza genera que seas un ser de luz.

LA ELEVACIÓN.

99

Una mujer prepara muy ansiosa su casamiento y arma todo el festejo de manera extravagante. De pronto recibe una gran noticia: la pérdida repentina de su futuro marido y siente una gran sorpresa frente a lo que el destino le está poniendo delante.

El destino pide no ser tan exagerada y conectarse con lo más supremo, dejando de lado la soberbia y la necesidad de expansión. El destino siempre termina mostrando que las cosas simples son más positivas.

LA DESGRACIA.

100

Un barco que lleva viajando hace mucho tiempo llega a la costa. A lo lejos se ve un hermoso lugar donde solo se va a recibir placeres, y un gran destino lleno de buena energía. El haber estado esperando el momento justo para que las cosas sucedan también tiene su premio.

El destino pide entender que pensar que las historias siempre tienen un mal final limita el futuro. Cuando un barco llega a puerto, el sol brilla fuerte y la energía se siente potente, lo cual significa que las cosas estuvieron bien hechas, que el tiempo recorrido y el espacio dado es pura y mera bendición de semejante responsabilidad.

LA LLEGADA.

101

Un hombre salva a una niña que cae a un río en medio de un momento de desesperación, mientras el agua la lleva lejos de la corriente. De repente, siente la necesidad de tomar más fuerza y agarrar de los brazos a esa pequeña. La niña lo mira a los ojos y siente una gran conexión con él. El ayudar a las personas en los momentos justos y darles energía hace que los problemas tengan un camino diferente.

Cuando uno tiene muchos miedos y se conecta con ellos, los peligros están al alcance del día.

El destino pide que comprendas que salvar, dar energía y recibir la luz necesaria en el momento justo puede hacer que uno ilumine cualquier situación desafiante.

EL SERVICIO.

102

Un sol que no para de brillar con mucha fuerza. Se ve por detrás una ola negra que quiere derrotarlo y destruirlo automáticamente. A lo lejos un arcoíris sale y marca un nuevo renacer. El hecho de estar pasando por momentos de mayor felicidad y de esplendor no significa que no estemos atentos frente a situaciones límite que la vida nos muestra. La oscuridad siempre estuvo celosa de la felicidad y siempre generó una alquimia en las épocas de más gratificación.

El destino pide estar atento y evolucionar a lo largo de la vida, sabiendo que la oscuridad quiere destruir siempre, pero que de alguna manera la luz aparece.

LA OSCURIDAD.

103

Una mujer con un vestido amarillo y descalza se encuentra a punto de entrar a una fiesta de largo y etiqueta. Estar en el lugar equivocado puede generar inestabilidad.

El destino pide claridad para avanzar y saber cuándo sí y cuándo no moverse sin perder el equilibrio emocional.

CLARIDAD.

104

Unas flores secas en un jardín empiezan a ser cuidadas por una anciana. Todos los días reciben agua desde su regadera y también mucho amor que proviene de la sutil conexión desde la luz y, de alguna manera, del riego total. Esas flores, día a día, empiezan a seguir su curso y vuelven a vibrar.

El destino pide siempre dar amor a cada cosa que uno realiza y entender que en forma sorpresiva podría empezar a surgir y dar frutos ese amor tan pleno y tan sano. También pide no perder la fe y saber que con amor y energía esas flores pueden volver a renacer como cada sueño y cada cosa que una persona necesite.

LA FE.

105

Una mujer en su cama, rodeada de vestidos muy costosos, collares y alhajas lujosas. Ella siente que muchos de los vestidos que se encuentran en la habitación la satisfacen. El estar en constante búsqueda de lo superficial hace que uno no termine de disfrutar los pequeños momentos de la vida. Al buscar constantemente cosas materiales que no generan y no estabilizan, no se alcanza la satisfacción en nada de lo que se propone.

El destino pide conectarse con lo más simple de la vida y aprender a disfrutar desde un lugar sencillo y de buena energía.

LO SUPERFICIAL.

106

Dos personas jóvenes se balancean en una hamaca con mucha fuerza y velocidad. No toman conciencia del peligro. Se mueven de aquí para allá a tal punto que sienten la energía del riesgo. El hecho de no tener cuidado y de vivir con adrenalina puede provocar que, en forma sorpresiva, surja algo que no sea positivo. El riesgo y la adrenalina siempre fueron de la mano y puede generar que, en forma casual, estas personas no se sientan tan beneficiadas y corran algún tipo de riesgo no positivo.

El destino pide más cuidado, más precaución y no avanzar sin mirar hacia delante.

LA DISTRACCIÓN.

107

Una linda jovencita conoce a un muchacho muy sonriente y comienzan un vínculo de amistad. Paso a paso, ellos se enamoran y sienten la gran necesidad de estar juntos. El sol brilla, la alegría crece y empiezan a sentir el amor puro, sano y positivo.

La vida pide que sientas la buena conexión y la alegría cuando las buenas noticias llegan. Que aprendas a disfrutar del amor sano y que empieces a ver que nada malo puede llegar a suceder. Más cuando la luz positiva se instala en la vida de las personas.

LAS BUENAS NOTICIAS.

108

Una mujer, frente a un parque, llora por un gran amor; siente que todo termina y experimenta una gran tristeza en su alma. Sorpresivamente se acerca un muchacho joven de su misma índole y le empieza a hablar. Esta mujer no lo ve y sigue llorando su dolor. Por detrás, una luz con fuerza y un gran arcoíris la alumbran.

Estar cerrado a situaciones y a vínculos que no son positivos hace que uno no pueda ver con claridad cuál es el camino a seguir. Pero si uno sale, entiende y vive el dolor desde un lugar donde las cosas se alivian paso a paso, la vida generará cambios positivos.

El destino pide que no te aferres al dolor, que no te aferres a las cosas que quedaron inconclusas y entiendas que en pocos minutos tu camino podría cambiar en forma positiva.

LA INICIACIÓN.

109

Una mano de un amigo puesta en el hombro de otro. El poder dar apoyo a una persona que realmente lo necesita, el dar un abrazo, el dar una palabra, el dar apoyo incondicional o recibirlo hace que el universo conspire para que nuestros guías siempre estén presentes.

Cuando uno da desinteresadamente siempre, el universo de alguna manera premia.

El destino pide que entiendas que cuando uno recibe este apoyo tiene que estar totalmente consciente de que la vida no es más que el resultado de lo que uno genera.

LA AMISTAD.

110

Una casa donde viven cinco hermanos y una señora mayor, muy pobres, reciben la visita de una persona especial con muchísima luz en la cara que trae una bolsa llena de monedas de oro y de energía. De repente, a lo lejos, el cielo se abre y empieza a caer una llovizna con muy buena energía a través de un cielo rosado. La bendición puede llegar. Cuando uno pasa por situaciones límite o cuando siente que no podrá resolver algo, la salida podría surgir de quien menos se piensa. Donde hay niños, hay bendiciones; donde hay jóvenes, hay nacimientos. El universo y el Dios supremo nunca nos dejan de lado ni nos dejan atados a la necesidad del otro.

El universo pide que no pierdas la fe y que sientas la energía con fuerza aun en los momentos de prueba.

LAS BENDICIONES ESPIRITUALES.

111

Un gran río donde corre muchísima agua comienza a tapar una casa. Se generan inundaciones y por dentro se ve una mujer que no quiere moverse de allí. El agua la tapa y le genera una gran angustia y ella se conecta con una gran tristeza sin entender que el cambio necesita ser, directamente, en el momento justo. Cuando llegan los momentos de prueba y los problemas nos tapan, cuando las cosas crecen y no salimos de ese espacio, siempre generamos situaciones que están relacionadas con las pérdidas.

El destino pide saber retirarse a tiempo de una batalla y no quedarse en una postura de víctima, ni tampoco de sufrimiento.

EL CAMBIO.

112

Un hermoso pájaro posado sobre una gran rama canta canciones coloridas desde que amanece hasta que anochece. Al costado, un niño lo mira con alegría, contento.

El destino pide disfrutar de todos los momentos de la vida como lo hace un niño, con esa mirada inocente sobre las cosas, con el único fin de jugar y divertirse.

LA INOCENCIA.

113

Un niño come de una bolsa de caramelos gigantes frente a tres niños pobres. No valorar lo que se tiene y ser incapaz de compartir hace que uno se conecte con las cosas más negativas de la vida.

El destino pide no ostentar frente al otro y ser generoso.

POCOS VALORES.

114

Una mujer recibe un ramo de flores y una caja de bombones de un hombre que no conoce. Él los deja encima de una mesa y se va, riéndose.

El reírse del otro y no darle valor a la atención y al amor condenan al ser a vivir lleno de miserias por el resto de la vida.

El destino pide no invertir energía en cosas superficiales ni en juzgar a los demás.

LO SUPERFICIAL.

115

Una casita llena de flores y colores donde hay dos ancianos sentados en la puerta, alegremente. Tener bases sólidas y gozar de la protección espiritual hace que uno pueda disfrutar la vida de otra manera.

Los abuelos son nuestros guías espirituales: generan protección y nos muestran siempre una salida a cada situación límite, viviendo una vida simple y alegre.

El destino pide que valores la sabiduría de los mayores.

LOS VALORES.

116

Sentir buena energía en el aire hace que la vida sea maravillosa. Por su parte, creer en la inocencia de las cosas también bendice cada momento de la vida.

El destino pide poder disfrutar de la vida con simpleza. Y siempre sonreír.

PAZ.

117

En un amanecer maravilloso se escucha una campana que suena fuerte. Cae una llovizna. En breve se presentará una gran noticia. Cuando uno menos lo espera, llegan los cambios. Esto hace que las cosas sean mágicas.

El destino pide dejar que la vida te sorprenda y entender que en cualquier lugar la naturaleza también prepara el momento de la llegada de los cambios.

LA SORPRESA.

118

Una fiesta llena de celebridades y gente superficial. Todos disfrutan al mirarse a la cara y aparentar felicidad. De repente una puerta se abre y entra un colorido personaje, diferente, con muy buena energía y con una gran sonrisa. Todos corren esperando que el hombre pueda generar aceptación, y en sus hombros se puede ver un grupo de ángeles que lo protegen y generan una luz fuerte que marca la diferencia en su presencia.

El destino pide dejar de lado las apariencias y confiar en esa gran protección que te hace diferente. Pide que adviertas lo importante que es ser uno mismo.

LA AUTENTICIDAD.

119

Dos amigos ebrios se abrazan en una fiesta mientras festejan su soledad. De repente, uno siente un gran frío en el cuerpo y ve a su amigo desvaneciéndose. Siente la necesidad de proteger al otro y lo ayuda a regresar a su casa.

El destino pide saber parar a tiempo en los momentos de prueba y ayudar a otra alma cuando llegó a su límite. Pide rogar protección espiritual cuando se necesita y tomar conciencia del amor y de los valores.

LA CONCIENCIA.

120

Un perro ladra sin parar a otros dos que están cerca y ambos lo ignoran riéndose. El hecho de tener miedo a no conectar con los demás hace que uno no pueda avanzar. Cuando se siente discriminación y rechazo en los otros, el alma se llena de angustia y los miedos aparecen.

El destino pide fortalecerse y no quedarse en un lugar donde no se es protegido y bienvenido, para poder avanzar sin mirar los deseos o el camino de los demás.

EL RETRASO.

121

Un novio le propone matrimonio a su novia y arman un festejo gigante. Se aman y dejan de lado los miedos; así empiezan un camino de luz y plenitud. Llegó el momento de disfrutar de la vida. Las propuestas de avance siempre son positivas.

El destino pide disfrutar el momento y saber que la protección está desde el primer instante. Y lo que sucede no es más que una bendición y un premio de la vida.

LA BENDICIÓN.

122

Una mujer camina por un parque lleno de flores y recibe, en el final, una giralda de frutas, y también una hermosa luz que le da la sensación de terminar una etapa y de empezar otra llena de alegría. El hecho de sentir alegría y ver que las cosas se encaminan es parte de la vida. A su vez, la buena energía hace que todo nos deje otra sensación.

El destino pide que te des cuenta de que la vida tiene flores y también tiene espinas. Y que pronto llegarán noticias.

LA ALEGRÍA.

123

Un amanecer que muestra una gran luz fuerte. Esta luz le abre un camino a un caminante y a este se le forma una sonrisa de oreja a oreja, pues siente que su búsqueda terminó y llegó el alivio.

El destino pide no perder la fe y sentir que los caminos siempre conducen a un final. Y aconseja que no tengas miedos por el resultado, porque a cambio de tanta lucha se logra una mente positiva.

LO LOGRADO.

124

Una sala de estar de una casa toda desordenada, con cosas tiradas, rotas y descuidadas. La habitación es recibida por una mujer que se encargará de hacerle una limpieza y de darle amor. A los pocos días ese lugar presenta un cambio.

Pide ponerle amor y color a cada cosa que se hace. Cuando uno no le pone amor al lugar que habita o tiene ese lugar descuidado, pierde vida. En cambio, si uno le pone delicadeza y observación, todo florece y se transforma en amor.

LOS CAMBIOS.

125

Un hermoso parque de diversiones lleno de niños jugando y saltando de alegría. Tener cerca a los niños y vivir en armonía y alegría en la vida hace que uno siempre pueda avanzar y sentirse como ellos.

El destino pide que cuando surja algún problema, lo resuelvas conectándote con los juegos, la inocencia y con la plena diversión de cuando eras niño.

EL JUEGO.

126

Dos niños pelean por los mismos juguetes y discuten por cada cosa que sucede. Por encima de ellos una nube negra les tapa la cabeza. El hecho de estar en conflicto con nuestros pares constantemente hace que uno no pueda avanzar. También sentirse desilusionado y no poder compartir y aprender que la pelea te deja solo.

Pide poder avanzar en la vida y tener una actitud más madura frente a las situaciones límite y de incomodidad con el otro.

LOS PREJUICIOS.

127

Una carrera de tortugas en un médano arrastra un ramillete de flores. Andar lento y tomar conciencia del tiempo hace que uno pueda disfrutar de la vida. La vida les pide mucho a nuestras almas, por lo que a veces es mejor actuar como la tortuga: lento. La sabiduría hace que el camino sea positivo y seguro.

El destino pide no pensar que las cosas tardan y que todo lleva su tiempo, así se honra la paz y la inteligencia de la tortuga.

LO SEGURO.

128

Un equipo de trabajo de una empresa constructora construye una mansión llena de lujosas paredes sobre una meseta de arenas movedizas. Armar una estructura superficial en bases poco sólidas hace que uno nunca pueda sostener sus acciones. Hasta los grandes castillos de colores, si no están hechos desde el amor, también pueden destruirse y desvanecerse.

El destino pide formar bases sólidas en cada cosa que emprendas y ponerle amor a todo el camino.

FALSA REALIDAD.

129

Un hombre anciano, en un geriátrico, espera la llegada y visita de sus hijos. Mientras tanto, lo acompañan otros abuelos alegres que lo invitan a disfrutar del momento. El hombre espera y espera, y sus hijos jamás llegan. El dolor y la angustia lo hacen presa de la ilusión y se encuentra al final de un camino donde todo fue trabajo duro. Los finales, aunque con dolor, pueden ser felices o no.

Pide no conectarte con el dolor y poder ver que la espera siempre mata.

ABURRIMIENTO.

130

Un bello tigre parado en la puerta de una casa. Y dos chicos jugando distraídamente. La protección espiritual siempre está acompañada de nuestros guías. Cuando uno va viviendo, olvida que todos tenemos protección espiritual y que, a pesar de los dolores, siempre alguien nos da fuerza y nos cuida.

El destino pide confiar y disfrutar de la vida y darse cuenta de que somos seres de Dios, que todo siempre está protegido y cuidado.

LA FUERZA.

131

En un río tranquilo se encuentra una mujer alborotada y una gran noticia que equilibra su ansiedad. Cuando el alma está alborotada, siempre hay ansiedad. La noticia llegará y todo se calmará y pronto empezará una etapa de gran renovación.

El destino pide calma, orden y saber aprovechar cuando uno siente y ve el río tranquilo.

BUENAS NOTICIAS.

132

Una mujer compra miles de vestidos, pantalones, tapados y capas en distintas tiendas que visita a lo largo de todo un día. Siente que nada le satisface.

El destino pide empezar un gran cambio de dentro hacia fuera. Buscar complacerse sin parar hace desembocar en la nada misma y la angustia es como una ola que llega y no para. Pide poder entenderse a uno mismo y ver dentro de uno cuál es el camino.

LA SOLEDAD.

133

Una inundación sumerge toda una ciudad. La gente, triste, saca sus cosas, que fueron tapadas por el agua; las personas perdieron gran parte de sus bienes por los destrozos. La mayoría son trabajadores y gente humilde y aun así no se quedan sin resolverlo. Los dolores causados por las injusticias siempre dejan un sinsabor, como cuando pasan cosas así.

El destino pide que donde no hay mucha explicación no queda más que esperar a que baje el dolor y a que el sol vuelva a salir.

NUEVO COMIENZO.

134

Una pareja llena de amor se ama sin parar. Arman su espacio y tejen bonitas flores de esperanzas. El amor, cuando es verdadero y puro, siempre se siente. La espera ya terminó y es momento de disfrutar.

Pide a tus guías protección y buena energía. Es momento de ser feliz sea cual fuere la situación que se viva.

PLENITUD.

135

Llega una carta con el anuncio de un gran cambio y una novedad positiva. Recibir noticias y buenas cosas siempre fue algo hermoso; recibirlas con alegría también lo es.

El destino pide entender que cuando la alegría llega y los cambios se aproximan, es netamente porque eso debe pasar.

LA NOVEDAD.

136

Un juez le toma declaración a un ladrón con la mirada fija en él, entendiendo sus miedos y frustraciones. Nota que es culpable, tiene muchas pruebas y miles de cargos negativos en su contra. Aparecen los miedos a enfrentarse a lo desconocido y a perder la libertad. Eso hace que el ser humano entre en desesperación.

El destino pide que cuando uno es culpable, sí o sí deberá pagar las multas y hacerse cargo de sus penas.

DEUDAS ESPIRITUALES.

137

Cupido está apuntando con su mano derecha a una mujer decidida y a un hombre con compromisos. En lo alto, un ángel le marca una gran prueba por pasar.

El destino pide saber que las personas siempre tienen un destino escrito pero, cuando las almas se cruzan, aunque estas estén viviendo otras situaciones, todo podría cambiar. Pide también vivirlo en armonía y entender que la vida puede ponerte en otra faceta.

LA SORPRESA.

138

Un ángel posado en una rama mira y observa a su alrededor. Hay un hermoso paisaje. La paz se siente y la armonía se disfruta. Cuando el destino trae una brisa hermosa de satisfacción, no hay más que disfrutar y sentir el momento.

Pide disfrutar donde uno se siente bendecido.

PREMIOS.

139

Un hombre está luchando con otro y de repente una luz brillante aparece y los encandila. Ellos sienten la necesidad de frenar y mirarse a los ojos, y algo mágico ocurre en ese mismo instante. La pelea cambia y da un giro. Siempre que haya luz y las almas puedan conectarse, el poder de Dios aparece con una fuerza inexplicable y revierte cualquier situación.

Pide saber entender los mensajes, ver que son más importantes los ideales y sentir la bendición.

DETENERSE.

140

Dos mujeres se vuelven a encontrar después de muchos años y se miran con fijeza a los ojos. Una energía muy fuerte del más allá las conecta igual que la última vez que se vieron. El hecho de volver al pasado y encontrarse con él siempre es para resolver algo. Las almas nunca olvidan a las personas, los recuerdos, las historias.

Pide que no dejes cosas pendientes y que las resuelvas, porque de lo contrario, será él quien te pondrá cara a cara con esa misma situación.

LO VIVIDO.

141

Un balneario lleno de niños jugando en la playa; una ola negra quiere traicionar el confort y la inocencia. Tener cuidado y precaución aun en momentos de gran placer es ley. Cuando todo parece en calma, la oscuridad siempre se cuela.

El destino pide tomar conciencia y cuidar los detalles de cualquier situación que incomode y que pueda, sorpresivamente, dejar pasmados a todos.

LA OSCURIDAD.

142

Una fiesta de cumpleaños llena de colores; una niña recibe a cada uno de sus invitados con alegría. Festeja su nuevo año con felicidad. Celebrar los logros genera renovación y recibir buenos momentos, alegría y bendición.

El destino pide entender que es momento de disfrute y pide vivirlo con alegría y sin miedos. Esto no es más que un premio de la vida.

EL DISFRUTE.

143

Un gato que cuida de su dueño duerme con él. Y siempre está pendiente de cada movimiento de su amo. Los guías espirituales existen; siempre se está protegido de alguna manera y sentir esa protección es una bendición.

El destino pide poder entender que eres un ser especial y bendice cada paso de tu vida. Pide que disfrutes y aprendas a escucharte, siempre sabiendo que en el universo se encuentra tu protección constante.

BENDICIÓN.

144

Una mujer se pasea por muchas tiendas comprando miles y miles de vestidos. Va con carteras de todos los colores pero no siente satisfacción por nada de lo que compró.

El destino pide tener cuidado con el exceso y con los deseos negativos; también con el hecho de querer tener cosas materiales o de experimentar deseos negativos, porque esto trae siempre consecuencias y nos lleva a conectarnos con las miserias de la vida. El resultado será un alma vacía.

LO MATERIAL.

145

Una piscina llena de agua, un lago hermoso y un lugar colorido. Por otro lado, un grupo de personas encerrado en una habitación quejándose.

El destino pide poder ver el valor de las cosas verdaderas, aprender a disfrutar y a vivir la vida. Recuperar la capacidad de asombro, darte cuenta de que lo lindo es conectarse con uno mismo y con la naturaleza, ver con claridad el panorama actual y así generar un cambio urgente.

DESPERTAR ESPIRITUAL.

146

Una mujer llora con desconsuelo por su amor y de repente un hombre se le acerca a preguntarle por una calle. La mira a los ojos y ve en ella un sol gigante; la mujer se siente contenida.

El destino te dice que los cambios pueden llegar por sorpresa y, aunque a veces uno cree que el mundo brilla para un solo lado, el sol puede optar por salir de frente.

ENCUENTROS.

147

Una mujer pasa varios años en soledad y de repente una gran oportunidad de cambio llega a su vida, un viaje a lo nuevo y una decisión para tomar.

El destino pide tomar la decisión y animarse a lo nuevo, no deprimirse y avanzar. Debes entender que el golpe de suerte puede llegar en cualquier momento.

LO NUEVO.

148

Un niño llora por un muñeco roto que se le ha caído en un pozo. Estar apegado al pasado y llorar como un niño por las penas hace que uno no avance en la vida.

El destino pide poder avanzar y disfrutar de la vida y de lo nuevo.

NACIMIENTOS.

149

Una pantalla proyecta una telenovela larguísima llena de suspense pero sin ningún final. El seguir siempre atado a la fantasía y a la falta de realidad hace que uno no pueda avanzar hacia el futuro. Salir de lo que no es real y protagonizar la propia vida nos permite poder vivir con los pies sobre la tierra.

El destino pide un cambio en la forma de pensar y de sentir, y pide avanzar por el camino correcto.

LA FANTASÍA.

150

Una hermosa ballena de colores despliega toda su energía y una gran sonrisa que deja sorprendida a una multitud de turistas. Cuando uno siente la hermosa energía de la vida, las sonrisas y los placeres van de la mano.

El destino pide entender los buenos tiempos y creer en las bendiciones de la vida.

LO PURO.

151

Una mujer llora por un gran dolor de muelas, grita y siente que no puede controlarse. De pronto, un gran profesional le resuelve su problema con un calmante para luego pasar a resolver el problema de fondo.

El destino pide no llegar a situaciones límite y saber que siempre, en momentos de dolor, las soluciones llegan en el momento justo. Cree en el universo; lo supremo siempre viene de la mano de los ángeles de la guarda.

LA SOLUCIÓN.

152

Un ángel de la guarda cuida la cuna de un bebé recién nacido, le susurra al oído y le da un silencio de protección.

El destino te comunica que los ángeles siempre están para eso, pide confiar en esa protección y bendecir ese cuidado, porque los ángeles llegan y automáticamente cualquier situación está cuidada y protegida.

PROTECCIÓN SUPREMA.

153

Una fiesta llena de princesas y príncipes, todos alegres, festejando y disfrutando de la vida. De repente, una sirvienta del reino se mira a los ojos con un príncipe de los más importantes y una conexión muy fuerte los une. Un gran amor nace en ese instante.

El destino pide entender las sorpresas de la vida, y que donde el amor nace y conecta todo está bendecido.

EL AMOR.

154

Una gran cancha de tenis y dos jugadores jugando, intensamente conectados y disfrutando la pasión. De repente, llega una gran tormenta y los saca de ese estado de pleno disfrute. El destino nos dice que debemos disfrutar siempre con intensidad cada cosa que hagamos en la vida. Las pasiones pueden durar poco.

El destino pide disfrutar al máximo y entender cuándo las cosas pueden pegar un giro sorpresivo.

CAMBIOS REPENTINOS.

155

Un mar tranquilo marca una brisa preciosa. Al lado, una gaviota da un toque pintoresco, y la calma llega como el hermoso final de una bella historia de amor. El final de cualquier situación es maravilloso cuando algo tan fuerte como el mar nos marca tranquilidad y paz.

El destino pide que el fin de un ciclo traiga un saldo positivo a gran parte de una historia.

LA CALMA.

156

Un caminante con los pies cansados de tanto andar mira desde lejos el trayecto que todavía le queda por caminar. Que falte tiempo para resolver los problemas es parte de la evolución. También entender que para poder sacar un saldo positivo uno debe evaluar y seguir el camino.

El destino pide no cansarse y no perder la fe, así como entender que la vida es lucha y que el saldo es siempre positivo, sobre todo cuando se desarrollan la constancia y la paciencia.

EL CAMINO CORRECTO.

157

Dos amores se juntan y disfrutan de la vida. Uno es más cariñoso y el otro más observador, pero en sus ojos se ve también una hermosa veta de amor.

El destino pide entender que hay diferentes tipos de sentimientos, que cada persona es distinta y que siempre hay que saber que en el amor, si es verdadero, no importa la forma en que se sienta o la condición. Siempre es algo fuerte que se instalará en el universo.

LO SUPREMO.

158

Una mujer llora por su amado. Ella se lamenta porque la abandonó y piensa en cada momento en que él le prometió amor eterno.

El destino pide entender las crueldades de la vida y no aferrarse al dolor. Los cambios siempre pueden ser sorpresivos y jugarnos una mala pasada desde la confianza y el amor. Pide manejarse sencillamente y dejar de sufrir por lo que no es.

VIENTOS NUEVOS.

159

Un hermoso caballero se encuentra parado en una estación de tren esperando vaya a saber qué.

El destino pide entender que las esperas pueden ser negativas pero también positivas y que los cambios siempre llegan y nos hacen ver otra realidad. Pide ser simple y cariñoso y también disfrutar de los cambios a favor.

LA SIMPLEZA.

160

Dos gatos duermen en una casa; ambos son de la misma familia, cuidan cada rincón de ese hogar y marcan un sitio firme y seguro. Los gatos son los animales más fieles. El símbolo del avance y la protección.

El destino pide creer en esa magia y ser feliz, porque todo está protegido.

LA PROTECCIÓN ESPIRITUAL.

161

Dos trabajadores realizan tareas muy duras día y noche para lograr su propósito y después de mucho esfuerzo y sacrificio, tras muchos años, reciben bendiciones y prosperidad en forma de ola.

El destino pide que el resultado de tanto trabajo sea productivo y recibir recompensa, así como comprender que solo se logran las cosas con mucho trabajo.

PROSPERIDAD.

162

Un técnico trata de arreglar unas máquinas sin poder encontrar la solución. Surge un pensamiento de ansiedad que no cesa y acumula angustia en los deseos más fuertes. Cuando uno está con pensamientos contrariados, la ansiedad no ayuda y puede convertirse en tu enemigo.

El destino pide ponerle dedicación a cada cosa que hagas, sabiendo que todo lleva su tiempo.

LA CONSTANCIA.

163

Una mujer llora desconsolada por su amor que la abandonó; piensa y siente solo su dolor, sufre y cree que volver a tener aquel amor inestable sería su salvación. El cambio sorpresivo de la vida y el abandono causan dolor pero también dan una realidad y un gran avance espiritual.

El destino pide no quedarse aferrado al dolor y entender cuán importante es el desapego para comprender que la vida siempre sabe por qué coloca situaciones de sufrimiento en nuestro camino.

CAMBIOS A FAVOR.

164

Un pastelero cocina un banquete para una gran celebración, prepara manjares deliciosos y un niño lo mira con admiración. El hecho de que las cosas se hagan con amor y hacerlas para los demás es más lindo y positivo todavía.

El destino pide poder disfrutar cuando algo tan lindo como las cualidades y los dones brillan con fuerza.

LOS DONES.

165

Una fiesta gigante, con preparativos lujosos y llenos de buen gusto. Una pareja se casa, ambos están sonrientes. Hay miles de invitados que no conocen a los novios, pero se aprovechan y critican el momento. El hecho de organizar eventos para figurar y ostentar siempre trae riesgos. No hacer un festejo por el amor que se tienen, sino para figurar y mostrarles algo a los demás, genera una energía diferente.

El destino pide poder observar cuándo parar, cuándo frenar, y entender que lo superficial nunca va de la mano del amor y de los vínculos verdaderos.

LA OSTENTACIÓN.

166

Una mujer muy enamorada de su amado sueña con él y que ambos construyen proyectos juntos. Y su amado siente alegría y el placer del amor verdadero. Cuando el amor llega, todo se convierte en felicidad plena.

El destino pide poder disfrutar y entender que lo merecido llega y los buenos tiempos acompañan.

BUENOS TIEMPOS.

167

Un cantante disfruta de su éxito con alegría. Una nube se aproxima por encima de él pero un ángel guardián lo protege y le da más luz para ver con claridad su camino. La protección siempre está. Si uno confía en los guías, la protección siempre llega.

Pide conectarse con las cosas supremas y disfrutar el éxito aun cuando la oscuridad se pone celosa de la luz.

EL ÉXITO.

168

Un hombre se enamora de una piedra que brilla con mucha fuerza. Siente la necesidad de estar cerca y lucha por conseguirla. Cuando uno tiene un deseo grande y encuentra cuál es el camino, siempre estará estimulado. El saber qué es lo que uno quiere siempre es el secreto para el éxito.

El destino pide seguir trabajando duro y luchar por continuar en el camino correcto, que es el que tu intuición está marcando. Tener en claro que el trabajo es lo único que puede salvarnos.

EL CAMINO CORRECTO.

169

Una hermosa familia logra construir una casa llena de buenas vibraciones, colores y mucho amor. De repente, un nido de hormigas quiere adueñarse de sus sueños y come las bases de la casa buscando destruirlas. Cuando los malos pensamientos del ser humano quieren avanzar, la unión siempre hace la fuerza; es entonces cuando hay que estar más en conexión con los otros y, sobre todo, proteger lo construido con amor.

El destino pide poder captar y cuidar esas bases hechas con amor y pide unión para lograr equilibrio y sortear malos pensamientos.

LAS BASES DEL AMOR.

170

Un hombre muy enfermo recibe curaciones y mucho amor de un alma solidaria. Cuando la protección y la luz llegan en forma sorpresiva a la vida de un alma en pena, se sabe que la ayuda proviene desde lo divino.

El destino pide entender que siempre nos encontramos protegidos y que nunca estamos solos.

CALMA.

171

Un hermoso muchacho humilde enamorado de una princesa inalcanzable. De repente, la princesa se acerca a él y le pide que la acompañe por el resto de su vida. Cuando uno siente una energía especial desde dentro, se trata de una señal. El amor no tiene nada que ver con clases sociales y si las almas se reencuentran, nunca nadie podrá separarlas.

El destino pide disfrutar lo que Dios pone en el camino y también que nunca jamás dejes de creer en el amor.

REENCUENTRO DE ALMAS.

172

Una mujer en la dulce espera disfruta con alegría los nueve meses de gestación. Mientras tanto, su amado lucha por trabajar duro y espera el momento de la llegada de su hijo, soñando con la familia que formarán, lleno de ilusión y amor.

El destino pide entender que la conexión que tienen es muy fuerte y por lo tanto en la pareja se mezclan la ansiedad y la necesidad de completarse como personas.

FELICIDAD.

173

Un carpintero arma un hermoso proyecto de muebles para un hogar. Un ladrón mira por la ventana; aprovechándose de la concentración de aquel hombre, piensa en cómo robarle. Cuando uno está conectado profundamente en lo suyo, piensa que jamás podría pasarle nada, pero la oscuridad siempre está presente.

El destino pide tener mucho cuidado y estar atento aun siendo un apasionado de la vida.

LA DISTRACCIÓN.

174

Una mujer, parada en una esquina, trabaja duro para darles de comer a sus hijos. Recibe un billete en su mano con una suerte especial y lo mira con desconfianza. Su ángel de la guarda le da paz interior y ella siente la gran oportunidad de su vida.

El destino pide entender que a veces la suerte puede llegar cuando menos lo esperas y que puedes disfrutar del cambio en tu vida.

LA SUERTE.

175

Una hermosa playa divina, con arena blanca y mar turquesa, y un grupo de amigos disfrutando del sol, la playa y el amor. Un hermoso arcoíris tapa todo el atardecer y un manto de energía protege ese momento.

El destino pide poder disfrutar y entender que son momentos calmos, de paz, y aconseja alejar los malos pensamientos de la cabeza.

PENSAMIENTOS POSITIVOS.

176

Una pareja de recién casados, llenos de ilusiones, construyen su casa con muchísimo amor y sacrificio. Cuando llegan los momentos de alegría y cambios, se empieza a crecer y avanzar en la vida. Todo tiene su magia siempre.

El destino pide poder entender que todo va a estar muy bien y que cada cosa que se realice con amor siempre será de buenas bases.

SUEÑOS CONSOLIDADOS.

177

Una araña camina por un paredón; su objetivo es picar a un niño. El niño no se da cuenta y el animal se acerca cada vez más. Uno debe tener precaución de las traiciones, debe cuidarse y no pensar que todo está controlado.

El destino pide más cuidado y no confiar en cualquiera, estar más atento y tomar decisiones inmediatas cuando las cosas nos hacen dudar.

TRAICIÓN.

178

Una gata viejita es mimada por su dueña, muy cuidada y protegida por ella. Ambas se miran a la cara y una luz mágica las conecta con una gran comunión eterna.

El destino te dice que existe la conexión eterna y que puedes disfrutar y proteger ese vínculo tan supremo.

ALMAS UNIDAS.

179

Un juez en una corte define una causa que genera dolor. Las cosas siempre llegan a la claridad, y la justicia, tarde o temprano, es a favor.

El destino pide confiar en lo supremo y aclara que el juez será claro y justo a la hora de decidir.

JUSTICIA.

180

Un hombre piensa en todo el amor que siente por una mujer y, del otro lado, en un compromiso con otra persona que lo tiene atado y no lo deja ser libre.

El destino te brinda poder para resolver y decidir cuál es el camino. Aconseja conectar con el sentir y ser claro a la hora de decidir. Rompe estructuras y avanza para elegir la felicidad.

CAMBIO DE CAMINOS.

181

Un parque lleno de flores es invadido por un nido de ratas que se comen con desesperación las flores y atacan cada espacio del lugar.

El destino pide tener cuidado y más conexión. Cuando llegan los enemigos ocultos y destruyen los sueños o los deseos, siempre aparece la oportunidad para salir ilesos. El destino pide claridad y no sufrir por lo que no has logrado; entender y saber que a veces estar atentos es evitar las traiciones.

OSCURIDAD.

182

Un león feroz ataca a dos niños que juegan en un parque; de repente, una luz los levanta con fuerza en el aire y los protege de cualquier tipo de agresión. Siempre la protección llega y cuida cualquier situación límite.

El destino aconseja ser más fuerte en los momentos de prueba y entender que cuando llegan los cambios sorpresivos, siempre adviene la protección.

LO SUPREMO.

183

Una hermosa actriz termina su obra de teatro. Se siente exitosa. Pero luego se arrumba y llora tristemente pues siente que su realidad es otra, que la soledad a veces les gana a los buenos pensamientos.

El destino pide claridad mental y poder evolucionar a lo largo de la vida y en situaciones límite.

LO REAL.

184

Un jardín colorido con muchas mariposas que revolotean alrededor de un hombre atractivo que irradia alegría.

El destino pide seguir disfrutando sin miedos de la vida y entender que las bendiciones siempre acuden para quedarse.

LO PURO.

185

Un mantel manchado por todos lados y una mujer, que no se percata de ello, está sirviendo un rico té encima de él.

El destino pide iluminarse para entender que las limpiezas son necesarias antes de hacer más cambios. Cuando se tienen asuntos pendientes, uno nunca logra estar en paz.

LO COLORIDO.

186

Un par de pájaros vuelan alto por encima de un hombre que está abatido, cargado de bolsas de mercadería. El hecho de recibir una bendición, como los pájaros, siempre es buen augurio.

El destino pide estar atento a los cambios, comprender lo real y entender que en cualquier momento o situación de la vida la suerte llega con fuerza.

NUEVOS RUMBOS.

187

Una mujer, maestra, da clase frente a muchos alumnos. Todos ellos, con mucho respeto, la escuchan y la idolatran. En su manera de dar clase se percibe toda la sabiduría que emana desde su noble corazón.

El destino aconseja disfrutar de todo lo aprendido hasta ahora, para lograr conectar con las cosas y entender que las bendiciones llegan cuando uno recibe mucho conocimiento y valora lo aprendido.

EVOLUCIÓN.

188

Un pájaro posado sobre una rama está cantando bellas canciones mientras una mujer llora bajo el árbol, añorando lo perdido. No puede entender el dolor y el proceso de cambio. Con el tiempo, podrá darse cuenta y comprenderlo.

El destino pide que logres calmar el dolor y poder ver más allá del cielo, donde se esconde un arcoíris hermoso a punto de salir.

CAMBIO.

189

Un hermoso perro se encuentra ladrando con fuerza y temor frente a unas palomas. Estas lo miran sorprendidas y ven que en sus ojos hay un profundo miedo acompañado de ansiedad. El hecho de ver algo diferente de nosotros siempre da miedo. El perro, como cualquier animal guardián, cuida su territorio y se vuelve temeroso sin saber la energía con la que cuenta.

Pide no tener miedo a cada situación que vibra distinto a tu corazón, para poder conectar con cada cosa y ver con claridad el paisaje viviente.

MIEDOS.

190

Dos chicos están jugando con almohadones, saltando sin parar en la habitación de sus padres. Una araña gigante se acerca a ellos sin que estos lo noten. La inocencia siempre está protegida pero puede suceder que la oscuridad quiera acercarse para contaminar la luminosidad de los niños.

El destino pide cuidar esa inocencia innata de los niños y proteger cada instante de esa luz pura que llevan dentro de ellos.

ATENCIÓN.

191

Un hermoso príncipe cruza su mirada con una bella mujer; ambos se miran fijamente a los ojos y su conexión es tan fuerte que el amor irradia y se percibe como si fuera una línea fuerte de energía.

Pide poder entender los momentos de amor y satisfacción que la vida te da y saber que no existe nada más puro que el amor verdadero.

LO PURO.

192

En un jardín lleno de flores, una mujer cuida sus plantas y cada día las riega con amor y buena energía. Tener en claro quién es uno mismo es lo más importante. Por eso, para cuidar el jardín de nuestra alma, también debemos regarlo diariamente.

El destino aconseja seguir ordenando el jardín espiritual y regarlo para poder crecer espiritualmente y prepararse para el cambio.

ESPIRITUAL.

193

Un castillo lleno de luz blanca y pura es reflejado por una cascada donde se puede ver la belleza misma, que se asemeja a puertas abiertas de par en par. Se reciben buenas noticias y se aproximan momentos de paz y alegría que siempre generan bienestar.

Pide poder entender que llegó el momento de disfrutar y creer que todo lo que uno tiene es más que merecido.

LO BELLO.

194

En una cancha de fútbol, un equipo juega. Sus miembros están distraídos, sin ganas, mientras los aficionados están ilusionados con la victoria y el logro.

Pide ver con claridad el momento del cambio y poder realizar una transformación en el equipo para que tomen también lo espiritual.

DESPAREJO.

195

Un cantante entona bellas canciones de amor y su enamorada lo escucha.

En el destino pide entender y sentir placer sin culpa. Aconseja disfrutar cuando los vientos están a favor.

AMOR CORRESPONDIDO.

196

Dos almas se cruzan y se miran a los ojos. Desde fuera se percibe que ambos sienten amor puro, y que nada ni nadie podrá separarlos porque el destino está en sus manos.

Pide ser feliz y entender que las almas tienen en su destino encontrarse y nada ni nadie puede separarlas.

LO PURO.

197

Un hermoso paisaje embellece una tarde llena de buena energía. Al instante se desata una gran tormenta con vientos fuertes que destruye todo lo que cruza por su camino. Cuando sorpresivamente se genera un cambio inesperado, no tan a favor, es porque hay que aprender algo.

El destino pide calmarse y focalizarse en que solo son momentos y son pruebas por pasar.

LA PRUEBA.

198

Un viajero emprende un largo viaje y en cada ciudad que visita se detiene a sentir esa energía, siente que vive una experiencia maravillosa aventurándose por nuevos lugares. Las almas inquietas siempre buscan la libertad.

Pide claridad mental para entender a otros cuando sus almas son totalmente diferentes a la propia.

EL BOHEMIO.

199

Unos enamorados se detienen a contar estrellas por la noche y sueñan con no separarse nunca jamás.

Pide entender que lo sano y el amor siempre van de la mano. Cuando el amor es puro, todo es bello y la fe funciona como una gran fuerza que todo lo puede.

LA FUERZA.

200

Una espada afilada y peligrosa cae desde un puente al vacío. Cuando un elemento que genera disturbio y negatividad cae al vacío significa que una etapa negativa se termina.

El destino pide que se corte la gran negatividad para comenzar a sentir alivio junto a nuevos vientos en un marco donde hubo miedos.

NUEVOS VIENTOS.

201

Un hombre lleva encerrado dentro de una jaula a un león triste. El estar triste, bloqueado y con la libertad mental limitada hace que uno no pueda decidir a favor.

El destino pide poder entender que la libertad de un ser débil es más importante que el poder de los propios intereses y pide a la parte negativa soltar y dejar libres sus sueños.

LIBERTAD.

202

Una bella mujer se encuentra contenta por lograr reconocimiento en su trabajo, siente que su sacrificio valió la pena. Ahora recibe alegrías y bendiciones.

El destino pide disfrutar y entender que el único camino es el trabajo duro y pide seguir luchando para sentir alegría en el corazón.

VOLUNTAD.

203

Un rey se prepara para una ceremonia. Cumple al pie de la letra el protocolo. Desciende de su carruaje. El monarca gira su mirada y ve un sol brillante sobre su espalda. En ese momento se le presenta una señal, como si fuera una corazonada que lo lleva a confiar en algo supremo. Se reconoce y se siente protegido.

El destino pide poder conectarse con la energía de la vida. Tomar conciencia de que la protección está siempre presente. Solo tienes que permitirte sentir esa fuerza protectora.

LA CALMA.

204

Dos mujeres sentadas en el banco de una plaza se ríen a carcajadas de otra mujer. La muchacha, distraída, está tratando de encontrar algo que perdió. Los actos de maldad siempre existen. Están presentes en lo cotidiano.

Pide reconocer a los enemigos que se encuentran ocultos. El aprendizaje detrás de estas situaciones genera angustia, pero un alma fuerte tiene el poder de salir ilesa solo conectándose con su energía.

EL CUIDADO.

205

Una chica sale a caminar por un sendero. En un momento del trayecto se detiene a ver un reflejo que la deslumbra. En el suelo encuentra una hermosa piedra amatista que irradia un gigantesco brillo. Al tomar la piedra con sus manos conecta con una energía especial y profunda. Ese poder penetra directo al centro de su corazón.

Percibir qué objetos son los que nos ayudan a transmutar distintos tipos de energía es esencial para poder estar equilibrados y en orden. Las piedras representan protección. Pide conectar con esa energía que emanan los talismanes y permítete disfrutar momentos de fortaleza.

LA PROTECCIÓN.

206

Un gigante aparece por sorpresa y causa terror a los habitantes de una aldea. Una vez dentro del pequeño pueblo, el gigante se acerca a una casilla donde vive una mujer junto a sus dos niños y la destruye de una patada. Muchos momentos están atravesados por la oscuridad. En el ser humano, el egoísmo está a la orden del día.

Pide que la protección espiritual sea permanente en esos momentos en que la oscuridad se manifiesta. Poder escapar de guerras que resultan en un gran daño colateral.

EL EQUILIBRIO.

207

Una hermosa pirámide de oro construida hace miles de años en medio del desierto. De un momento a otro comienza a derrumbarse desde su base. Las relaciones entre los seres humanos en ocasiones pueden terminar en un abrir y cerrar de ojos. Cuando los vínculos se rompen de la nada, uno puede sentir desequilibrio emocional. Las cosas suceden siempre por algo y las personas tratamos de buscar una explicación desde la mente.

Pide entender desde el corazón que las historias donde se juegan relaciones humanas pueden terminar en forma repentina. Es parte del ciclo de la vida comprenderlo y tomarlo como aprendizaje. La fortaleza consiste en saber que la causalidad siempre está presente para enseñarnos a buscar nuestro equilibrio interior.

EL DESBORDE.

208

Un gran artista ofrece un majestuoso concierto en el teatro más pintoresco de París. La sala está colmada de gente que al terminar cada canción lo aplaude de pie. El músico interpretó muchas baladas románticas y de amor. En un rincón del local, una pareja disfruta de ese momento único. Los dos se abrazan y se miman mientras ese instante es protegido por una energía maravillosa.

Pide entender que detrás de cada acción se encuentran las bendiciones. Hay ocasiones para disfrutar y dejarse llevar por los momentos únicos que la vida nos regala.

EL PLACER.

209

Una megafiesta se celebra en una playa del Caribe. Hombres y mujeres bailan y disfrutan de ese momento maravilloso. Se viven instantes de armonía colmados de riqueza afectiva por la unión entre los presentes. Cuando la conexión directa entre lo masculino y lo femenino se muestra sin etiquetas, es posible experimentar esa gran fascinación por la vida.

Pide que se mezclen las energías para poder festejar con alegría lo que sucede en la vida.

LA ELEGANCIA.

210

Una bella dama que se encuentra sentada en el banco de una plaza es alcanzada por tres bolas de fuego. En ese mismo instante, un ángel se cruza y la protege con sus alas. Aplica todas sus fuerzas para salvarla y ayudarla a salir ilesa del sufrimiento.

Pide mantener la fe ante los hechos desafortunados de la vida, porque siempre el Supremo puede revertir cualquier situación.

EL PODER INVISIBLE.

211

Un hombre deportista se prepara para correr una maratón durante un largo tiempo. En un momento de la carrera una flecha de fuego atraviesa su camino. El atleta sortea esa difícil prueba y continúa su marcha, y logra llegar a su meta.

Pide sostener el equilibrio y saber que el valor por el trabajo realizado siempre será recompensado.

EL EQUILIBRIO.

212

En una prisión de máxima seguridad, un hombre trata de escapar por los barrotes de su celda. El sentimiento de libertad en todo ser humano es importante y necesario.

Pide al destino que cuando quedes atrapado en tu propia cárcel espiritual y sientas la necesidad de salir de ese estado, aparezcan las situaciones para vivir lo que realmente debes aprender y puedas avanzar en el camino de la vida.

EL PROCESO.

213

Una hermosa cascada en medio de dos montañas deja maravillados a los espectadores. La belleza se genera en este escenario a través del agua dorada y cristalina, que cae con gran fuerza y un aturdidor sonido. La vida misma está rodeada de escenarios bellos.

Pide sentir toda la fuerza de la energía que origina el caer del agua. Poder sentir lo bello que sucede detrás del inmenso ruido es parte de la vida. Son momentos únicos y mágicos y uno debe permitirse disfrutarlos.

LA BELLEZA.

214

Una pareja de amantes va abrazada caminando por el medio de la calle. Ambos sueñan con sentirse especiales para el otro y viven el amor con mucha alegría. Siempre es el amor la razón más importante para unirse con otros. La conexión de las almas se da únicamente si el destino acompaña y sostiene los vínculos a través del amor.

El destino pide poder sentir el amor verdadero. Poder disfrutar y sentir cada encuentro amoroso, sentir que estás sostenido por todo lo que genera la energía del amor.

EL AMOR.

215

La biblioteca de un pueblo muy humilde arde en llamas. Un grupo de hombres corre al lugar del incendio tratando de salvar los libros. Están ayudando a que su generación de niños y jóvenes no pierdan ese tesoro maravilloso. La intención de cooperar para salvar la historia contada en esos textos a fin de transmitir su legado es algo muy valioso.

El destino pide entender qué aspectos son los más importantes de la vida y proteger nuestros legados.

NUESTRA HISTORIA.

216

Un perro negro está sentado sobre la vereda de una plaza. El cachorro mira cómo pasan a su lado las personas y les mueve el rabo. En la misma escena hay dos mujeres mirando la situación mientras comen a su lado. El hecho de no reconocer al otro aunque sea diferente hace que nuestras relaciones sean superficiales. Dios se manifiesta a través de las situaciones que ocurren en lo cotidiano con el fin de enseñarnos el amor a los otros.

Pide que el universo te llene de bendiciones para no perder el valor de las cosas importantes y sentir la energía del otro; aprender a tomar las cosas con mayor simpleza y mirar menos nuestro propio ombligo.

LO SIMPLE.

217

Por un camino de tierra en medio de unos cerros pasa un caballo repleto de cadenas tirando de un carruaje. Unos hombres, encima de él, castigan al pobre animal y abusan de su inocencia. La responsabilidad del ser humano es ayudar a los otros y no abusar de los más débiles.

Pide al universo tomar conciencia de que cada ser vivo es parte de la Tierra. Poder cuidar y valorar a todas las criaturas para mantener el equilibrio en el planeta es deber del hombre.

LA EMPATÍA.

218

Una chica muy joven toma un refresco sentada en el banco de una plaza. En un momento gira hacia su izquierda y cruza miradas con un muchacho. El camino que recorre el amor siempre es directo. Las almas se conectan y siempre vuelven a reencontrarse, jamás se separan.

Pide confiar en el destino y en los regalos inesperados de la vida. Estar atento y tener en claro cuáles son nuestros deseos resulta apropiado para recibir los premios de la vida.

REENCUENTROS.

219

Tras separarse de su novio una mujer recibe un enorme ramo de flores. En ese momento aparece una hermosa luz, como si fuera fuego, y alumbra su alma. El premio por haber recorrido el camino del dolor habiendo pasado por diferentes experiencias siempre llega. La vida te obsequia regalos inesperados.

Pide al universo poder entender con alegría y disfrutar los obsequios de la vida, recibirlos como bendiciones. Tener fe y sentir el amor dan como saldo algo positivo.

LA LUZ.

220

Unos pajaritos cantan. Al fondo de la escena se ve un arcoíris reflejado en un río calmo. El orden natural de la belleza siempre está presente. Aprende a observar los detalles como si fuesen obras de arte. Buscarle el pelo al huevo y vivir con temor hacen que uno no entienda que cuando el río está calmo, nada malo pasará.

Pide poder sentir paz y disfrutar de las pequeñas cosas de la vida. Vivir la calma desde el mejor lugar.

LA CALMA.

221

Un caracol se arrastra por el suelo del inmenso bosque. Encima de los árboles se aproxima una gran tormenta. El temporal de lluvia con truenos asusta a este ser tan débil. Cuando se es de naturaleza débil y algo te produce miedo, el universo se ocupa de transmitir certeza de que los cambios pueden llegar. Un ser débil siempre tiene temores.

El destino pide que avances a pesar del miedo y que puedas mantenerte en paz en los momentos de prueba.

LOS DESAFÍOS.

222

Unos niños juegan en la plaza. Se divierten alegremente. La escena continúa con un perro furioso que no para de ladrar. El can, asustado, ve que a los niños se les acerca una araña con patas gigantes y, luego, se detiene frente a ellos. El hecho de estar en peligro hace que, de alguna manera, uno tome conciencia y en una próxima acción pueda prevenir el riesgo. Hay una protección superior.

Pide claridad y astucia al momento de realizar una acción en la vida. Aunque seas niño o joven espiritualmente enfócate siempre en aprender a cuidarte. Es primordial.

EL CRECIMIENTO.

223

Dos leones luchan por un trozo de comida, mientras una gran tormenta se precipita con fuerza sobre sus cabezas. Luchar en vano por los ideales y deseos hace que uno se conecte con sentimientos negativos.

El destino pide no perderse. Volverse egoísta nos pone en contacto con emociones negativas. No debes pelear con tus pares por causas injustas.

LA DESHONESTIDAD.

224

Una paloma blanca mira cómo una mujer llora sin consuelo por su dolor. La luz existe en cada paso de la vida. Sufrir por una situación nos impide ver todo el contexto.

El universo pide entender que todo pasa por algo, alejarse del sufrimiento y hacer el duelo correspondiente, de modo que se pueda avanzar aun sintiendo tristeza.

LA LUZ.

225

Dos amantes muy enamorados se miran a los ojos. Su profundo amor se nota en sus miradas. El amor puro funciona como un escudo de fuego. La conexión espiritual y los vínculos de amor siempre están unidos desde lo más supremo.

Pide no dudar y disfrutar del amor. Sentir cómo su energía única traspasa el alma.

LO REAL.

226

Un hombre de clase media piensa todos los días cómo ordenar su economía. Sentado en su casa con una calculadora, hace cuentas y anota en su libreta. Concentrarse en las obligaciones es bueno, pero vivir preocupado por asuntos económicos te quita buena energía y te mantiene en baja vibración.

Pide poder ordenarte física, mental y espiritualmente. Poder disfrutar también de las pequeñas cosas sin querer tener el control de todo.

EL ORDEN.

227

Un barco navega por un río mientras el que lo conduce se queda dormido. El peligro crece porque por su distracción la embarcación se dirige a un pozo de agua. Dejar de lado los detalles y no darse cuenta de algunas cuestiones puede traer graves riesgos.

El destino pide estar más atento a la vida para dejar de correr peligros innecesarios. Tomar conciencia de los riesgos nos permite mantenernos equilibrados.

LA DISTRACCIÓN.

228

Una mujer pasea por un centro comercial. Mira vitrinas y entra en cada tienda que cruza para comprar los vestidos más costosos de la zona. Cuando el vacío se intenta tapar a través de lo material, el ego toma más fuerza y el alma sufre.

El universo aconseja darles valor a las cosas simples que aparecen en la vida. El verdadero motor es el amor; si valoras demasiado lo superficial terminarás sintiéndote incompleto.

INESTABLE.

229

Un hombre solo, sentado en una barra. Cuenta sus penas con un vaso de whisky en su mano y llora de tristeza por su soledad. El hecho de haber sufrido una pérdida y sentir frustración frente a tal dolor impide poder seguir adelante. Esta situación, a la larga, trae un gran vacío existencial.

El destino pide entender al alma en pena. Salir de ese estado de negación y sufrimiento para sentir la libertad. Pide conservar la fe y saber pedir ayuda a tiempo.

LA TRISTEZA.

230

Una gran bailarina disfruta de su baile ante un grupo de mujeres que la observan. Estas se ubican al costado del escenario mientras la critican y prejuzgan. Ella, en su mundo, disfruta de su momento. Cuando a uno no le interesan más que sus propios anhelos y deseos, evoluciona como ser humano.

El destino pide entender que todo lo que está relacionado con nuestra misión sea considerado importante. La vida te regala momentos hermosos para que los disfrutes.

LA EVOLUCIÓN.

231

Un globo gigante en lo alto de una casa. Un niño quiere agarrarlo mientras llora porque nadie le presta atención. Querer resolver algo cuando estas lejos de alcanzar la solución no ayuda. Estas acciones traen angustia.

Pide claridad ante los hechos de la vida. Ser constante y astuto para entender que los otros necesitan ser guiados, principalmente los niños.

LA ANGUSTIA.

232

Un grupo de niños juega en la vereda. Los chicos se divierten con sus autitos de colección mientras dos adultos discuten sin parar. Uno de ellos se transforma en superficial y no entiende el dolor del otro. Esto ocurre cuando uno piensa solo en sí mismo y no en los demás. La necesidad de cambio es lo positivo.

Pide tomar conciencia y evolucionar y sobre todo no lastimar el futuro de los seres queridos.

EL RESPETO.

233

Un hombre con un gran sentimiento de vacío y soledad llora por una mujer. Siente que jamás podrá volver a ser feliz. Por encima de él pasa una luz que lo cubre. Una gran protección abarca toda su aura.

Pide poder entender los duelos y poder avanzar en medio de los desafíos. Pide continuar hacia delante y no castigarte. Poder ser feliz a pesar del dolor y cumplir con el destino.

CAMBIOS.

234

Un grupo de amigos festeja y disfruta en una reunión social. Mientras tanto, una persona llora por una gran traición sin que nadie la consuele. El engaño está a la vuelta de la esquina, siempre. Cuando uno confía y le mienten, siente dolor y se angustia ante la burla de los otros.

El destino pide entender ese dolor. Poner límites y no dejar que los otros se rían de ti. Confiar en la justicia divina y esperar los cambios sorpresivos.

TRAICIONES.

235

Una gran mesa cubierta con un hermoso mantel muy colorido, preparada para que en una reunión alguien pueda disfrutar una riquísima merienda. Tener una vida ordenada y poder gozarla es parte de la realización personal.

Pide poder bendecir cada momento como único e irrepetible. Disfrutar todos los instantes de la vida.

BENDECIDO.

236

Un hombre muy cansado arregla un gran jardín con muchas flores de distintas formas y colores. El jardinero presenta un paisaje colorido y positivo donde a cada flor le pone muchísimo amor. El amor es siempre lo más importante, sobre todo en los seres de luz.

Pide poder disfrutar los dones que tienes y avanzar con ese amor maravilloso.

LA LUZ.

237

Un gran amor une a dos personas asombrosas. Ambos se miran a los ojos y cuentan la historia de su vida. Cuando uno logra el amor y conecta con lo más lindo y verdadero, todo es bello.

Pide que puedas sentir esa hermosa energía amorosa y bendecir el haber encontrado el amor verdadero.

EL AMOR.

238

Un hombre viaja por todo el mundo sin rumbo. Hasta encontrar su camino, recorre muchos pueblos. En un tramo de la ruta ve a lo lejos una luz que lo atrae con gran fuerza. Cuando uno siente la necesidad de despegar de lo conocido, el universo se encarga de acomodar las cosas.

Pide ser guiado y ser fuerte ante las adversidades. La luz siempre te lleva a encontrar el camino correcto.

LO JUSTO.

239

Un príncipe en busca de una princesa. El muchacho sueña con casarse mientras la mujer que él desea solo se ocupa de aspectos superficiales.

Pide cuidar el alma como también los vínculos que generan brillo propio y te permiten evolucionar. Estar alerta y saber que todo lo que brilla no es oro. Poder sentir el amor verdadero en tu corazón.

LO SUPERFICIAL.

240

Un hombre feliz camina por la vereda. Se dirige a su trabajo. Mientras va atravesando la calle se encuentra con el amor de su vida. Las miradas se cruzan y logran conectar en forma directa.

El destino pide claridad mental y poder ver cómo conecta la energía maravillosa del amor.

CAMBIOS.

241

La vista de un anochecer que parece sacado de un cuadro. El firmamento luce lleno de estrellas que brillan con mucha potencia. Una mujer recostada sobre su manta mira hacia el cielo. Debajo del universo se van manifestando sus sueños a medida que los recuerda.

Conectarse con lo supremo siempre trae buenos augurios. Es necesario creer en la magia para que sucedan los milagros.

Pide poder sentir la energía del universo y conectar con la vida misma.

ENERGÍA.

242

Un caballero perdido en un bosque lleno de miedos y desafíos. De manera inesperada se siente amenazado por algo. El hombre gira y ve que un animal feroz se le acerca. Termina luchando contra la bestia y al finalizar la batalla encuentra su camino. Cuando la vida te pone pruebas, atravesar estos obstáculos es el único camino posible. El resultado es positivo hasta el final.

Pide dar batalla y entender que la lucha puede ser muy dura. Cuando se intenta llegar al final, se logran las mejores recompensas. El resultado siempre es positivo.

LA PERSEVERANCIA.

243

Una hermosa fiesta donde todos se divierten. Los participantes se sienten alegres y felices. Los festejos son una manera de vibrar en alegría. Los buenos momentos nos llenan de energía positiva.

Pide poder conectar con esa gran energía y disfrutar al máximo de las alegrías que te obsequia la vida.

FESTEJO.

244

Cupido apunta a dos personas con una flecha larga. Ambos se conectan con pensamientos negativos relacionados con el dolor. Van por el mundo llorando y sin advertir que la vida puede darles una grata sorpresa. Cupido los mira y apunta con su flecha mientras ellos huyen de esa energía y se conectan con el sufrimiento.

Pide comprender que la vida puede cambiar de un momento a otro. Pide no perder la fe jamás.

LA SORPRESA.

245

Un hombre camina por una ruta sin encontrar su rumbo. El sujeto va buscando agua para calmar su sed. Cuando uno no tiene destino y vive en la angustia y en la ansiedad, la tristeza puede cubrir el alma.

Pide poder conectar con los aspectos buenos de la vida, sanarte, renovarte y buscar en tu interior aquellas cosas que te hacen sentir bien.

LO PURO.

246

Un soldado herido en una de sus piernas. El hombre está de rodillas: pide perdón por los pecados cometidos. El militar está arrepentido de lo que hizo y llora lágrimas de dolor en una iglesia. Pedir perdón a tiempo hace que uno pueda soltar las culpas y seguir avanzando en la vida. También hay que ser capaz de darse cuenta de que un ser humano puede equivocarse y perdonarlo.

Pide el universo que utilices la claridad mental. Puedes sentir la buena energía del perdón. Vibrar alto te ayuda a dejar atrás lo malo y avanzar en un nuevo camino de la vida.

EL PERDÓN.

247

Una hermosa princesa lleva puesto un vestido de color rosa. Sentada en el parque, espera a su amado mientras sueña con su boda. El amor y la ilusión, unidos, reflejan mucha esperanza. El destino siempre acompaña a las personas que creen en el amor y son sanas.

El destino pide creer en el amor y sentir la energía pura y sanadora de esa fuerza vital. Dejar de pensar que el amor no existe para que pueda fluir a favor de uno.

FLUIR.

248

Una mujer se queja porque su marido la abandonó. Grita, llora y, con bronca, le desea el mal a su exesposo. Cuando no puedes ver con claridad el camino y que las cosas dolorosas también te dejan una enseñanza, tienes problemas a la hora de avanzar y evolucionar.

El destino pide entender el dolor pero no quedarse aferrado a él. Avanzar y crecer para poder ser feliz es la clave.

LA LIBERTAD.

249

Un político cuenta fajos de dinero dentro de una caja fuerte frente a sus colaboradores. A la salida lo espera una mujer con una carta en la que le pide ayuda para sus hijos. Él piensa solo en el vuelo que lo llevará a una reunión.

El destino pide entender cuál es el verdadero valor de la vida. Conectarte con el propósito real del camino que buscabas y encontrarte con las necesidades reales.

EL DESEQUILIBRIO.

250

Una mujer, devastada por su soledad, llora tendida sobre una cama. Sobre el alféizar de la ventana, un pajarito de color naranja entona canciones alegres. El dolor siempre es dolor, aun cuando la luz está a pocos metros.

El destino pide desapegarse de las cosas que causan sufrimiento en la vida para hacer el duelo lo más rápido posible. Soltar el dolor para ver ese sol brillante que está a punto de salir en tu camino.

CAMBIOS.

251

Los músicos de una orquesta están vestidos con trajes coloridos. Tocan canciones alegres en un festival organizado en la plaza. Mientras las melodías suenan, dos almas se cruzan y se reconocen. Nace el amor en ese instante y quedan bendecidos por el maravilloso sonido de la banda musical y la magia del universo que los cruzó.

El destino pide sentir las buenas vibraciones de la vida y disfrutar los momentos de paz y serenidad. Pide entender que el amor es simple y puro.

LA SERENIDAD.

252

Una bola de fuego cae sobre una ciudad destruyendo todo a su paso. El terrible desastre deja a sus ciudadanos paralizados y angustiados. Ante semejante derrumbe, los habitantes vuelven a construir su pueblo. Siempre las injusticias de la vida traen dolor y destrucción.

El destino pide entender los cambios aunque te causen dolor, poder levantarte y superar tu sufrimiento para reinventarte, y volver a empezar de cero.

EL DERRUMBE.

253

Un hombre lleva un ramo de flores a su novia. Sueña y siente que ella es su amor verdadero. Se siente correspondido por su amada. El amor es el comienzo de todo, y más cuando uno es correspondido por quien está a su lado.

El destino pide disfrutar del amor y sentir a cada momento las bendiciones de la vida.

AMOR CORRESPONDIDO.

254

Un perro espera en la puerta de su casa a su amo, y este llega caminando lentamente con una pierna lastimada. El amor incondicional siempre es maravilloso. Tener un amor simple y puro nos llena de bendición.

El destino pide poder entender que la protección está en nuestro entorno, ser capaz de comprender que alguien te espera y te recibe con alegría. La ayuda se siente de esa manera porque simplemente son nuestros guías quienes nos acompañan.

PROTEGIDO.

255

Un hombre se queja de su destino y vive de una manera ermitaña dentro de una habitación, sin mirar por la ventana. Seguir cerrado en una situación hace que uno no pueda evolucionar.

El destino pide abrirse y confiar para poder entender que los cambios son necesarios. Mostrarnos tal como somos y no tener malos pensamientos es parte del camino para ser feliz.

EL ERMITAÑO.

256

Una mujer cae en un pozo ciego mientras unos niños juegan sin darse cuenta de lo que está ocurriendo. La mujer queda atrapada allí sin que nadie se entere de su accidente. Al no poder ver con claridad y sufrir algún accidente espiritual, uno corre riesgos de no ser salvado.

El destino pide que estés más atento de tu caminar y que te cuides de los ataques espirituales sorpresivos.

LA CEGUERA.

257

Un barco colmado de gente. Estas personas viajan por placer y recorren todo el mundo sobre un enorme mar. Sienten alegría y disfrutan de un océano azul, lleno de paz y prosperidad. El hecho de poder disfrutar la vida y viajar a través del agua trae limpieza espiritual.

El destino pide disfrutar y propone relajarse para vivir intensamente cada minuto de la vida.

EL PLACER.

258

Un grupo de mujeres en un salón de estética hablan a gritos y sin parar. Cada una cuenta lo que le pasa sin oír lo que dicen las demás. A lo lejos, un hombre las escucha y observa su comportamiento cargado de ansiedad sin entender esa actitud. El hecho de la unión en masa siempre genera conflicto.

El destino pide no acostumbrarse a vivir a gritos. No perder el camino ni comparar el propio dolor con el dolor del otro. Pide más claridad en los pensamientos y ser más simple para lograr conectarse con lo verdadero.

EL CONFLICTO.

259

Una bella mujer sueña con encontrarse con su viejo amor mientras un caballero pasa por su lado y la mira con una sonrisa. La chica, hundida en su dolor, no logra contener sus lágrimas y aquel hombre no deja de mirarla. El hecho de vivir atada al pasado aun cuando todavía eso te causa dolor bloquea tus posibilidades de crecer. Luchar día a día por un futuro y disfrutar el presente es ley y obligación suprema.

El destino pide poder romper viejas estructuras. Sin armadura podrás sentir que llegan los cambios en el momento justo.

EL DESPERTAR.

260

Una mujer llena de dudas está parada frente a una encrucijada. Parece no poder elegir ninguno de los dos caminos ni escuchar lo más importante, que es la voz del alma y su intuición. El cuerpo avisa siempre y el mensaje llega desde el alma.

Pide claridad y sentir cada paso que das al avanzar en la vida. Pide tener confianza en tus dones. Con esto estarás tomando una decisión para poder crecer.

EL AVANCE.

261

Una mujer teje una hermosa manta para cubrir a sus nietos. En la vida, el amor siempre es ley. Pensar en los otros siempre trae bendiciones.

El destino pide sentir amor por los demás y entregarlo de cualquier manera posible, ya sea desde el servicio, ya sea desde lo más puro, que es haber hecho algo con el espíritu propio.

LO INCONDICIONAL.

262

Una mujer mira a los ojos a su amor y él siente esa hermosa energía. Entre ellos la conexión es tan fuerte que nada puede separarlos. Por encima de sus cuerpos un aura de luz los protege.

El destino pide sentir el amor verdadero y poder captar los valores de la vida. Aprender que nada puede separarte de lo real, que es sentir el amor en todas partes.

LO REAL.

263

Una mujer ciega intenta cruzar un puente alto cuyas maderas están sueltas. No entender el peligro pero aun así querer conectarse con el valor real de la vida. Las desgracias se manifiestan en lo cotidiano para que uno se dé cuenta de que debe cuidarse y estar atento.

El destino pide que te cuides de caer continuamente en una situación sin fin.

LA ATENCIÓN.

264

Una mujer encuentra una bolsa llena de monedas de oro que no paran de brillar. El hecho de recibir tal bendición te invita a cambiar los pensamientos negativos por positivos. Confiar en que el universo provee lo que se necesita para sentirse pleno.

El destino pide ser un alma agradecida y conectar con las cosas que a cada uno le traen bendiciones y luz.

LA PROSPERIDAD.

265

Dos personas enamoradas trabajan duro para lograr el propósito de avanzar en la vida; mientras tanto, una serpiente se enrosca en los pies de su cama cuando ellos están durmiendo. El animal se prepara para atacarlos.

El destino pide estar atento a las traiciones inesperadas. Vivir conectados a la energía del amor es muy importante pero cuidarse de los enemigos íntimos, también. Pide claridad y fe para comprender los hechos de la vida. Estar alerta siempre a la oscuridad.

LOS ENEMIGOS.

266

Una hermosa flor en una maceta no para de crecer. Sus brotes emanan un profundo aroma que invade el entorno. Su dueña la observa sin poder entender qué necesita hacer ella. El hecho de haber cumplido una etapa siempre trae inestabilidad y miedos.

El destino pide abrirse para poder crecer y no cerrarse en lo conocido. Poder entender que el cambio es hoy.

CRECIMIENTO.

267

Dos niños juegan en una plaza hasta el anochecer. Se divierten tanto que se olvidan de la hora. Sus madres, desesperadas, los reprenden al llegar a sus hogares. Y ellos sienten que no son comprendidos en sus necesidades de juego. Es primordial fijar límites, ya sea para con nuestros vínculos o en los sucesos de la vida. Pues los otros deben saber hasta dónde pueden avanzar.

El destino pide entender y respetar las reglas de la vida.

EL ORDEN.

268

Una mujer es atacada por un águila que intenta cortarle el cuello. La chica corre y se tira en un pastizal gigante para protegerse.

El destino pide resguardarse de los ataques espirituales y estar atentos cuando son sorpresivos. Entender que siempre hay riesgos y prestar atención, a veces, nos salva la vida.

CUIDADO.

269

Una mujer elige un bello vestido de novia mientras, a su lado, otra mujer se ríe y envidia el momento de magia e ilusión que vive la futura novia. La envidia siempre existió.

El destino pide que los momentos de plena felicidad sean propios y cuidados. Pide entender que el mal existe y se manifiesta, pero la luz también está presente en todo. Lo más deseado cae por su propio peso por encima de la oscuridad.

LA MALDAD.

270

Un hombre arrastra una carreta en la que junta comida para sus hijos. Él trabaja duro para llevar el pan a su hogar. Otro hombre lo observa y le ofrece una caja de monedas bañadas en oro. El hombre queda sorprendido y del cielo se abre una luz que los ilumina con gran fuerza. El universo siempre da premios. El hecho de que se reciban regalos cuando uno más lo necesita es obra de Dios.

El destino pide entender las bendiciones, disfrutarlas y recibirlas con los brazos abiertos.

EL BRILLO.

271

Una mujer encuentra una foto de un ser querido, siente la necesidad de abrazarlo y de vivir esa energía. Cuando uno piensa mucho en los demás, dicen que es telepatía. Las almas siempre quedan unidas y conectan con lo más lindo de la vida.

El destino pide no dejar cosas pendientes y sanar las heridas del pasado.

SOLTAR.

272

Un perrito abandonado en una esquina. Lo encuentra una generosa mujer que todos los días le lleva comida y agua. El amor siempre es lo más importante. La conexión de las almas débiles se da porque ellos buscan ser adoptados.

El destino pide poder sentir la necesidad del otro y entender que cuando un alma busca a otra, es únicamente para el reencuentro con el amor.

EL REENCUENTRO.

273

Dos amantes se encuentran cada semana para sentir pasión y darse energía. El amor y el deseo son importantes; la luz se manifiesta a través de las pasiones.

El destino pide poder sentir la energía y dejarse llevar por los deseos más íntimos.

LA PASIÓN.

274

Una mujer mira una bella cartera en la vitrina de una tienda. Mientras tanto, otra observa a través de esa misma vitrina y piensa en conseguir un trabajo en esa tienda. El hecho de no entender el valor de la vida, el valor verdadero, hace que uno no pueda avanzar en otras cosas. Poseer cosas materiales te alegra, pero el deseo de encontrar el camino y poder realizarse, también.

El destino pide poder tener claro el camino y trascender lo material para ver el valor verdadero de las cosas.

TRASCENDER.

275

Una mujer conoce a un hombre y ambos se miran sin parar. Por detrás aparece una luz muy fuerte que, mágicamente, los une y hace que se reconozcan de otras vidas. Poder entender que el amor existe es lo supremo.

El destino pide conectar con las experiencias verdaderas y entender que cuando llega el verdadero amor, hay que disfrutarlo.

MAGIA.

276

Un hermoso árbol lleno de naranjas brilla con fuerza mientras una mujer lo riega y lo cuida día a día. Cuidar y dar amor siempre genera frutos y llena de prosperidad las almas.

Pide poder sentir esa hermosa energía y disfrutar de las bendiciones, porque el amor es lo más preciado.

LA RECOMPENSA.

277

Una mujer siente mucha alegría por la llegada de una agradable noticia. Salta de felicidad y da brincos de amor. Cuando se siente plenitud por dentro, las buenas noticias no tardan en llegar. Estar en paz es lo más maravilloso del mundo y cuando las cosas fluyen, las grandes noticias siempre arriban.

Pide poder disfrutar la vida y sentir las buenas noticias.

NOTICIAS.

278

Una mujer disfruta al caminar por un bosque y no ve un pozo negro y oscuro que aparece en su camino. Siempre hay cuestiones que pueden ser peligrosas.

El destino pide tomar conciencia de esas cosas y cuidarse. Ser precavido y estar atento a las pruebas de la vida siempre puede ser positivo.

ATENCIÓN.

279

Dos niños juegan en una piscina mientras una nube tapa el cielo y se convierte en una tormenta eléctrica con truenos. A veces, no tomar conciencia de los peligros y no madurar hace que uno siga por su camino sin prestar atención a los desafíos que la vida propone.

El destino pide estar atentos y disfrutar, así como saber que sorpresivamente pueden producirse cambios. Es importante cuidarse y madurar y, también, sentir plenitud en el proceso.

MADURAR.

280

Un payaso parado en una esquina ríe de una persona que pide limosna. Cuando uno se burla del sufrimiento del otro, la justicia divina está al pie del cañón. Todo lo que uno hace siempre regresa, como un bumerán.

Pide dejar de pensar en que el universo no va a ocuparse de las injusticias, así como saber que las cosas siempre pueden generar un karma negativo o positivo.

LA JUSTICIA DIVINA.

281

Un hermoso velero pasea por un lago tranquilo. A bordo del barco hay dos amantes que se volvieron a encontrar y sueñan con una vida juntos. Cuando el destino une a las personas, nada ni nadie puede separarlas.

Pide ser consciente de la energía del amor y disfrutar cada momento del amor verdadero.

LA PLENITUD.

282

Una bella mesa llena de comida y adornada con flores. A su lado, dos personas que pelean y discuten no pueden disfrutar de esa bendición. Solo al ver lo que está servido en la mesa, se advierte que es la vida la que se encarga siempre de regalar bendiciones.

El destino pide valorar, luchar, disfrutar y poder ver que lo más importante es el amor y la comprensión.

DARSE CUENTA.

283

Un hermoso caballero llora por una mujer que no lo ama. Sufre y se siente hundido en su frustración. Este sentimiento negativo lo lastima y no le hace sentir que su amor es correspondido.

Pide entender y poder hacer el duelo necesario para continuar avanzando en la vida a partir de tu propio beneficio. Entender que a veces se gana y a veces se pierde, pero también que mañana puede surgir un milagro que despeina tus pensamientos.

CAMBIOS.

284

Un hermoso paisaje lleno de niños que juegan alegremente, disfrutan y sienten felicidad absoluta. Poder disfrutar del panorama y esparcirse siempre es posible, así como mantener alegre a nuestro niño interior.

El destino pide disfrutar cada momento, sobre todo cuando los caminos son positivos.

BUENOS TIEMPOS.

285

Un niño se rehúsa a hacer sus deberes de la escuela. El muchacho reniega junto con su madre y evade su responsabilidad. Un hijo siempre debe saber que necesita límites.

El destino pide entender que cada persona está para algo en la vida y los límites también son una forma de amor.

LOS LÍMITES.

286

Una mujer baila canciones divertidas en un parque mientras unos niños la observan y disfrutan su alegría. Cuando uno está en un buen momento y la felicidad sale por los poros, siempre transmite buenas vibraciones.

El destino pide poder disfrutar y entender que las bendiciones siempre llegan en el momento justo.

LA TRANSPARENCIA.

287

Un hermoso pez disfruta de su hábitat de agua y pasea tranquilamente jugando con sus amigos en el recorrido. El momento de disfrutar es algo positivo para el alma.

Un hermoso pez disfruta de su hábitat de agua y pasea tranquilamente jugando con sus amigos en el recorrido. El momento de disfrutar es algo positivo para el alma.

El pez es un animal libre y alegre y se maneja con libertad y alegría en su espacio.

EXPANSIÓN.

288

Un gato pasa por el costado de una mujer y se encrespa de la cabeza a los pies. Cuando uno tiene una alta sensibilidad, percibe cambios sorpresivos, como los gatos.

Pide seguir esa intuición pero también entender que las señales siempre llegan.

LA PERCEPCIÓN.

289

Dos flores a punto de marchitarse reciben energía a través de un gran cuenco de agua. Sentir la energía poderosa de un lugar significa que uno siempre formó parte de ese sitio. Saberse cuidado y protegido, pues siempre la vida acompaña con su energía.

Pide poder entender, dar amor y disfrutar de esa energía que provee la vida misma.

EL RENACIMIENTO.

290

Una fiesta de casamiento al aire libre. Ambos novios llegan felices al altar y disfrutan su momento y se sienten plenos sin nada que temer.

El destino pide sentir la energía y conectar con ese momento mágico.

FELICIDAD.

291

Un músico inspirado en una canción de amor. El virtuoso hombre compone hermosas melodías con alegría y pasión. Conectar con lo que nos gusta es maravilloso, uno siente plenitud.

El destino pide disfrutar y poder sentir la buena energía que nos genera trabajar con nuestros dones.

LOS DONES.

292

Una mujer rubia de cabello largo observa y dirige a un grupo numeroso de mujeres. Mientras tanto, otra joven se encuentra en una mesa: contempla miles de vestidos y ninguno le gusta.

El destino pide no contaminarse y entender que cada persona es diferente. Puedes transformar los pensamientos negativos en positivos aunque sea valiéndote de ti mismo.

INSATISFACCIÓN.

293

Un gran espectador mira miles de programas de televisión. Es un hombre estructurado. Cuando uno llega a la madurez, puede disfrutar la vida de otra manera.

El destino pide poder ordenarse y disfrutar. Animarse al cambio.

LO NUEVO.

294

Una mujer muy enamorada de su amado espera que su novio regrese de un viaje de negocios. Ella lo recibe con un fuerte abrazo y le comenta algunos cambios.

Pide claridad para elegir pensamientos positivos y cuidar la posibilidad de una pareja estable.

LA ESTABILIDAD.

295

Una mujer viaja en un carruaje lleno de flores mientras pasea por un bello pueblo, donde todos la alaban y ella es la princesa bella del lugar. La belleza siempre va de la mano de lo simple. Cuando uno es reconocido en la vida a través de la belleza o lo sagrado, es porque uno lleva una protección suprema.

El destino pide poder disfrutar de ese momento de reconocimiento y de los momentos gratos de la vida.

LA GRATITUD.

296

Una mujer muy enamorada escribe poemas de amor en un libro lleno de luz. El universo la protege y la cubre con su manto de fe. Mientras tanto, su amado siente esa energía y se conecta en forma directa con ella.

El amor puro siempre triunfa cuando uno se conecta con lo más lindo de la vida, así todo fluye en forma positiva.

AMOR CORRESPONDIDO.

297

Un grupo de amigas se divierte mientras un joven las observa de costado tratando de entenderlas.

El destino pide poder observar las formas diferentes de sentirse pleno y entender que todos los seres humanos tenemos almas diferentes.

ALEGRÍA.

298

Una mujer lee un gran testamento donde es bendecida y recibe una fortuita herencia maravillosa que cambia su vida.

El destino pide poder entender las sorpresas de la vida y disfrutar de la bendición suprema.

PREMIOS.

299

De un hermoso árbol caen muchas hojas como parte del proceso para la llegada del nuevo fruto.

El destino pide entender el ciclo vital y buscar siempre que el crecimiento llegue a la vida. Pide fortalecerte y confiar en la evolución espiritual del alma.

CRECIMIENTO.

300

Una mujer con una sonrisa camina por el parque acompañada de un perro y de un pajarito que la siguen y la protegen. La chica siente en su interior una paz única. En la vida, cuando uno logra conectar con las protecciones y estar en paz, todo es bendición.

Pide seguir alegre por la vida y bendecir cada paso hacia delante que darás en tu camino.

AVANZAR.

301

Un hombre sueña con un hermoso automóvil de lujo. Mientras tanto, trabaja para poder llevar el pan a su casa. Soñar es una bendición y también hay que entender que todo es parte de un proceso.

El destino pide no obsesionarte y disfrutar el hoy. Pensar continuamente en lo deseado genera ansiedad pero el destino pide no hacerse amigo de la soberbia.

LA ILUSIÓN.

302

Un paisaje lleno de flores, árboles y naranjos. La arboleda cubre un camino con luz hacia un rincón de paz. Encontrar el lugar propio es maravilloso.

El destino pide sentir esa energía y poder entender el poder de lo bello de la naturaleza. Pide también ser feliz y ocuparse de la belleza de la vida.

BELLEZA.

303

Un perro trata de morderle la pierna a un gato. El felino está distraído mirando una mariposa. La distracción puede causar accidentes.

El destino pide cuidarse de los enemigos ocultos y disfrutar cada nuevo reto.

DESAFÍOS.

304

Una hermosa mujer cuenta los hombres a los que amó fuertemente. De costado, un caballero, completamente simple, la mira de reojo. La observación siempre fue algo bueno. Estar hablando del amor o la pasión hace que uno se desconecte.

El destino pide fijarse en quien uno confía y compartir a través del amor.

NUEVAS ESTRUCTURAS.

305

Un gran festejo de alegría donde una mujer sonríe frente a muchísima gente y levanta una copa de oro que brilla y que representa el esfuerzo para conseguir el trofeo. Recibir los premios de la vida siempre es algo maravilloso. Los festejos son bendiciones y en esos momentos el alma se siente agradecida.

El destino pide disfrutar y agradecer la vida y sentir ese disfrute como único.

PREMIOS.

306

Una mujer recibe un anillo de oro, lo mira con asombro y lo prueba en su mano. Disfruta del objeto y lo guarda con mucho amor. Recibir un regalo es, directamente, recibir amor. Cuando alguien recibe un regalo como un anillo está recibiendo del otro amor puro.

El destino pide disfrutar de un regalo y poder entender la admiración de los demás viviéndolo en plenitud.

REGALO.

307

Un hermoso barco gigante llega a una ciudad y su gente lo recibe con un ramillete de flores y música. La energía que se transmite es de alegría y felicidad. Cuando llega una buena noticia o una buena vibración a un lugar, siempre se genera un clima de alegría.

Pide reconocer cuando las buenas noticias llegan y también las sorpresas. Aumentar la vibración a través del amor y la alegría.

EL DISFRUTE.

308

Una persona disfruta un hermoso momento mientras está sentada bajo un árbol. Por encima, una nube negra cubre su cabeza a punto de desencadenar un trueno que asustará y cambiará este escenario. No tener el control de la vida es ley, pero las sorpresas pueden generar angustia.

El destino pide que estés más atento y que no dejes todo librado al azar.

MOVIMIENTOS.

309

Una flor en medio de un jardín. De un lado, su parte marchita, y del otro, un color rojo intenso que encandila a todas las personas que la observan. Poder limpiar y cuidar el lado que enfermó es primordial para no terminar de contaminar totalmente la otra parte.

El destino pide avanzar en crecimiento y buscar limpieza y sanación para poder sentir plenitud.

LA LIMPIEZA.

310

Un payaso hace reír a un grupo de niños mientras el sol brilla con fuerza en el cielo. Poder dar amor es importante, así como también la capacidad de recibirlo y de poder disfrutar las cosas más simples de la vida.

Por eso el destino te pide que conectes con los aspectos más lindos y maravillosos. Los más simples, aquellos que tienen relación con disfrutar la vida con alegría.

RISAS.

311

Un escultor pinta su obra de arte. Se trata de una escultura maravillosa que el buen hombre logró hacer con mucho amor. Su sueño se ve realizado al mostrar la obra y disfrutar de su trabajo.

El destino pide poder sentir placer y dibujar las escenas más lindas de la vida con colores maravillosos, poniéndoles energía y mucho amor. Pide que te conectes con lo que más feliz te pueda hacer, como el arte y la creación.

CREATIVIDAD.

312

Una serpiente enroscada a punto de tomar el pie de una niña que juega en una playa. El animal observa a su presa, la niña, y se prepara para su ataque. Cuando uno no se da cuenta de los enemigos externos y es un alma joven y débil, la vida te enseña a través de situaciones peligrosas.

El destino pide estar atento y madurar. Ser cauteloso y proyectar el futuro cuidando el alma y el cuerpo de la oscuridad.

TRAICIONES.

313

Un hombre discute con otro y recibe una agresión. Mientras tanto, otro hombre observa la pelea y mira de costado al atacante. Decide separarlos. Intercede como mediador y ayuda a lidiar con las malas energías.

El destino pide tener cuidado de las agresiones por más que uno sea direccionado por sus guías. De cualquier manera, estos seres especiales siempre nos protegen y nos cuidan.

EL MEDIADOR.

314

Un viento fuerte despeina a dos mujeres que están compartiendo un té. El temporal las asusta y ambas tratan de salir de ese momento de miedo. Un hombre se acerca, las salva y las protege de sus temores. El hecho de tener una protección propia siempre te salva de cualquier situación.

El destino pide estar precavido y más atento a los cambios sorpresivos.

VIENTOS.

315

Un gran estafador, pendiente de los movimientos que realiza su nueva víctima. El hombre, atento a seguir los pasos del otro sin medir sentimientos, ataca o es atacado.

El destino pide poder darse cuenta de cuáles son las almas estafadoras y tóxicas. Pide también ser responsables y cuidarse siempre de las traiciones y vivir una vida desde la energía del amor.

DESHONESTIDAD.

316

Un hombre recibe una luz que brilla con fuerza mientras está encerrado en una celda sin agua ni comida. Él está pasando dolores en la vida o pruebas, pero todo puede cambiar de un instante a otro y recibir una luz de esperanza. Este acto hace que uno sienta a Dios.

El destino pide soltar rápido lo negativo, aun cuando se atraviesen situaciones dolorosas. Siempre la luz puede aparecer y generar un gran cambio.

LA ESPERANZA.

317

Una mujer y un hombre son felices al sentir amor correspondido. Pasan por una prueba de fuego que duele tanto que ambos se desconciertan. En un tiempo vuelven a unirse y ese amor se hace muy fuerte y ya nunca jamás se separan.

El destino pide que superes los obstáculos que el universo pone en tu camino. Dos almas que se conectan desde el amor jamás cortan sus lazos.

LAZOS.

318

Una persona vestida de gala preparada para conocer al amor de su vida. Siente una energía especial. El destino prepara todo para rearmar el encuentro y poder cumplir con su misión y su camino marcado.

El destino siempre está escrito de alguna manera, y poder sentir una energía diferente en el cuerpo marca una transformación. Tomar conciencia y escucharse siempre trae cambios a favor.

EL DESTINO.

319

Un caballero con un hacha en la mano cuida un árbol con frutos preciosos. El hombre está protegiéndolo de aves oscuras que quieren devorar las frutas. Siempre la protección llega de alguna manera. Lo supremo va de la mano de la conexión espiritual. Esta energía cuida cada cosa que sucede en la vida.

El destino pide proteger el nido de cada uno. Dar protección y cuidar el nido para recibir la energía del amor.

PROTECCIÓN.

320

Una pecera llena de peces coloridos que danzan en el agua al ritmo de la música y cuyos colores muestran una armonía única y pura.

El destino pide poder disfrutar de la magia de la vida y poder entender que este camino siempre muestra los colores más lindos y las tonalidades supremas.

LO BELLO.

321

Una hermosa montaña es observada por un hombre. Por detrás aparece el arcoíris. Imponiendo su fuerza, copa el cielo y da una sensación de placer y plenitud. Provoca algo único y deja una marca en ese momento mágico. El destino traza una marca en distintas tonalidades para disfrutar los instantes vitales más lindos.

El destino pide confiar en nuestros guías y sentir la protección de la vida.

LOS GUÍAS.

322

Un juez dicta una sentencia y da una orden sobre un caso injusto donde una persona queda ilesa de un dolor y se libera de la prisión espiritual.

El destino pide poder liberarse de las cárceles mentales. Si uno logra entender la justicia divina, entonces puede entender que todo llega. El destino pide confiar en lo supremo y entender que siempre, tarde o temprano, acude lo justo.

LA LEY.

323

Un hombre al que le encanta organizar fiestas ruidosas. De repente, todos sus amigos empiezan a criticarlo. Trata de ostentar mientras todos disfrutan entre ellos. Siente soledad, frío y una energía negativa que lo desconecta de los otros.

El destino pide que valores a los demás por lo que son y no por lo que tienen. Estar apegado a lo superficial provoca vacío existencial. Necesitas llegar al alma de las personas para conectar con ellas desde el corazón.

FRIVOLIDAD.

324

Un hombre lleno de regalos maravillosos visita un hogar de niños huérfanos. Se ven las caras de los niños, felices, y la cara de él, emocionado y disfrutando de verlos sonreír. El universo lo bendice y lo protege por ser una persona tan generosa y positiva. El universo siempre resguarda y da luz a la gente con el alma solidaria, y ellos de alguna manera son bendecidos.

Pide poder entender que todo vuelve y disfrutar el don tan maravilloso de la humildad, que no se compra ni se vende.

INTEGRIDAD.

325

Una mujer mira a los ojos a su esposo. Cuando lo mira, siente y conecta con lo más supremo de la vida. Estar en conexión con el otro es maravilloso, hay almas que por más que no estén juntas siguen conectadas a nivel álmico.

El destino pide seguir creyendo en el amor y darse cuenta de que las almas gemelas jamás pueden separarse. Solo basta con una simple mirada para que se reconozcan y se sientan unidas.

ALMAS GEMELAS.

326

Un gato mira fijo a su dueño a los ojos. Lo mima, lo abraza y en cada momento cuida sus movimientos tratando de protegerlo. El amor de los animales siempre es puro. Tener cerca un animal, a veces, sana. Son utilizados o mandados por el universo para que nos cuiden.

El destino pide buscarse un alma con más luz que uno mismo. Un animal que pueda hacernos una vida plena y llena de buena energía y amor.

MAGIA.

327

Un campo lleno de energía es visitado por un ser enfermo. El sol brilla con fuerza por encima de él, y este vivencia una conexión con el más allá. Automáticamente, siente esa energía que funciona como sanación del alma.

El destino pide protección y saber que siempre algo puede hacernos dar un giro. Uno puede estar enfermo y de un momento a otro, con ayuda del aire, el sol, la luna y lo supremo, sentir que sanamos. Pide confiar en lo supremo. Tener fe y buscar energía en todo lo que rodea a la vida misma.

SANACIÓN.

328

Un león feroz ataca a un conejo, lo asusta y le genera terror. En la vida siempre el más grande le da miedo al más pequeño.

El destino pide afrontar los temores, avanzar en la vida moviendo obstáculos y ver que la contextura de las personas no hace la fuerza.

LA DESIGUALDAD.

329

Una mujer baila sobre un escenario. Mientras debajo su hombre se emociona y la contempla con admiración. Ella siente un desborde de energía y disfruta de su libertad. La libertad no tiene precio; poder hacer lo que a uno le gusta, tampoco. Sentirse amado también nos lleva a ser libres.

El destino pide lograr un equilibrio en la vida y poder disfrutar de todo: la vida es generosa y nos premia con todos sus elementos.

ARMONÍA.

330

Un hombre baila desnudo en la calle mientras tres personas se ríen a carcajadas de él. Pasar por ridículo nunca fue lindo; burlarse de una situación tampoco lo es.

El destino pide cuidar los momentos de disfrute y no hacer daño a nadie sin darse cuenta. Perder el equilibrio es doloroso, pero peor es sentirse desequilibrado. No ayudar a quien lo necesita es un acto egoísta. Pide volver al eje y ayudar al otro.

LA AYUDA.

331

Una mujer enamorada se sienta a esperar a su amor. La novia sueña con el momento en que él llega y le propone matrimonio. Sin embargo, ese amor se divierte por otros lados, con otras mujeres. A él nada le importa y no tiene el mismo sentimiento que ella. Las almas se desencuentran y a veces logran perderse. No respetar al otro hace que uno no tenga códigos y lastime al corazón que ama.

El destino pide no seguir jugando a dañar a los demás. Darse cuenta del valor de la vida. También pide un amor sincero y aprender a ver la verdad de las cosas.

LA SINCERIDAD.

332

Un hermoso cuadro pintado por un importante artista. El pintor es aplaudido por sus espectadores. Él, feliz, siente esa energía maravillosa llena de logros y con un brillo especial. Ser admirado y reconocido es maravilloso, y más cuando uno trabaja en algo que le gusta, pues entonces se siente reconocido en su plenitud, al máximo.

El destino pide disfrutar la vida y darle valor a cada momento en el que haces lo que realmente te gusta.

LA GRATITUD.

333

Un niño feliz festeja su cumpleaños con mucha emoción mientras un gato negro lo mira fijo. La niñez siempre es algo maravilloso para disfrutar de lo simple sin maldad. Lo sano y lo puro está en la esencia de las personas y siempre es bendecido.

El destino pide protección y observar el niño interno y cuidarlo de las malas vibraciones y de los malos pensamientos de los seres oscuros a quienes siempre les molesta la luz.

OSCURIDAD.

334

Un hombre en la calle, con una pierna cortada, recibe la solidaridad de un grupo de jóvenes que lo auxilian y lo ayudan a sentarse mientras llora de dolor. Siempre la luz aparece y sentirse débil sin poder resolver una situación genera cierta impotencia. Pero la ayuda del universo siempre se hace presente.

El destino pide cuidarse y hacer las oraciones habituales para que estemos acompañados por nuestros guías.

ÁNGELES EN PROTECCIÓN.

335

Una mujer corre a agarrar un ramo de flores hermosas de color rojo que son atraídas como un imán hacia ella. Las toma con sus manos y se clava unas espinas.

El destino pide no confundir la belleza con las trampas de la vida. El espejismo puede engañar a un alma pero si uno vive más atento puede evitar las marcas en el futuro.

ENGAÑO.

336

Una mujer cubierta con una frazada en medio del frío sobre una vereda pide monedas a cada ciudadano que ve pasar. Cuando uno va por la vida sin poder ver el sufrimiento del otro, no puede ver nada.

El destino pide ayudar al otro y dar limosna y caridad a quien lo necesite sin mirar a quién.

LA CARIDAD.

337

Un sillón roto en una plaza es recogido por una familia. Sus miembros lo arreglan; cubierto, cuidado y con mucho amor, el sillón vuelve a tomar vida y ellos le vuelven a dar color y se convierte en un elemento de energía que da forma a esa hermosa familia.

El destino pide disfrutar de las pequeñas cosas y hacer un cambio de energía en tu vida: renovar cosas antiguas o dar lugar a la llegada de lo nuevo.

MOMENTO DE CAMBIO.

338

Una talentosa actriz es reconocida y alabada por sus admiradores, quienes la aplauden y la aman mientras ella siente en su interior dolor y pena. Cuando uno muestra una imagen a los demás y está obligado a elegir lo superficial, termina sintiéndose vacío.

El destino pide poder resolver todo conflicto interno y poder sentir y ver con claridad el camino a seguir. Pide, además, recuperarse y sentir la mejor energía, reponerse para los otros.

LO SUPERFICIAL.

339

Una fiesta gigante con muchos globos y amigos. Una persona de pie sufre por no poder comer lo que le gusta. Cuando una persona está limitada a disfrutar, rápidamente siente vacío.

El destino pide poder vivir con libertad y disfrutar de lo más lindo de la vida y sentir la alegría en el alma.

LIMITACIÓN.

340

Un perro es abandonado por su amo. Parado en una esquina, siente una luz que brilla con fuerza y le da una sensación de paz. Luego de este momento un niño aparece, lo abraza y lo adopta.

El destino pide no dejar de creer en el camino elegido y en el poder del amor. Siempre algo sucede en los momentos de dolor.

LA BENDICIÓN.

341

Un niño llora por un chocolate y unas golosinas que su madre no quiere entregarle. Se encapricha y se tira al piso. Y su madre se angustia por esa situación. Cuando uno no educa al otro, sea grande o pequeño, las consecuencias son tremendas.

El destino pide educar y darle valor a lo importante, y poder vivir una vida plena a partir del respeto, que es algo sagrado.

EL RESPETO.

342

Un hombre pinta una hermosa obra de arte. Disfruta de ese momento y siente una energía maravillosa que lo llena de placer, amor y realización personal. Un hombre por detrás se ríe a carcajadas de él. La oscuridad siempre existió. El destino dice que cuando uno siente plenitud en lo que hace, eso se transmite. Y genera una gran negatividad y envidia en los otros.

El destino pide enfocarse en uno pero también requerir ser protegido para cuidarse de la oscuridad.

ENFOCARSE.

343

Una mujer enamorada recibe un anillo de compromiso. Superfeliz, arma ilusiones en su corazón y sueña con su casamiento mientras su amor la mira. Él, sorprendido, piensa en el gran amor que los une.

El destino pide poder entender que el amor es lo más simple y puro que hay. El ser correspondido es maravilloso y la unión, más aún.

AMOR PURO.

344

Una mujer mira el cielo: pide asistencia y desea que su destino cambie en forma sorpresiva. En su corazón, una tristeza inmensa; en su aura, un gran crecimiento.

El destino pide entender las pruebas de la vida. Fortalecerse es maravilloso y entender que llega el cambio positivo, también.

LA CORAZONADA.

345

Una pared es derribada con gran fuerza por una máquina, mientras un niño queda atrapado bajo los escombros. Poder soltar miedos y dolores del pasado es maravilloso; al igual que entender que si uno pasa por alguna situación extrema, es también por algo. Pero siempre la recompensa será muy buena.

El destino pide disfrutar de la vida y liberarse de los miedos del pasado, y poder salir adelante a través de cambios que la vida propone con nuevas oportunidades.

OPORTUNIDADES.

346

Un hermoso sillón blanco. Una persona descansa y sueña que se encuentra con su ser amado. Poder sentir placer absoluto en la vida es maravilloso. Cuando uno se conecta con el placer, la sensación es siempre de gratitud.

El destino pide poder sentir los momentos de paz y bendecir el equilibrio.

LA UNIDAD.

347

Unas mujeres les gritan a otras mientras una de ellas empieza a llorar y a sentir desilusión por todas. El caos junto a la negatividad siempre atrae cosas negativas. Cuando a uno le hace el clic en la cabeza, la realidad cambia automáticamente.

El destino pide darse cuenta de la necesidad de cambio y poder avanzar a un camino más positivo. Con luz y buena vibración.

CAMBIO.

348

Un niño maleducado hace renegar a sus padres. Los manipula y los lastima desde las palabras y genera siempre un clima negativo. No poder ubicar a las personas en su lugar hace que ellos después de un tiempo sean negativos e intolerantes.

El destino pide poder separar los sentimientos de la educación y enseñar al otro a ser una persona de bien para poder sentirse respetado en la vida.

LA EDUCACIÓN.

349

Una paloma con el ala rota queda varada en una rama. Una mujer se acerca y trata de protegerla. La lleva a una veterinaria para que la curen. Cuando el amor fluye a través de las cosas más puras de la vida, como el cuidado y el cariño, lo supremo siempre se pone de nuestro lado.

El destino pide protección y poder creer en lo supremo para ayudar al otro.

MAGIA.

350

Una mesa llena de comida es derrumbada por un perro asesino. Cuando uno pierde la capacidad de amor y de valorar las cosas más lindas de la vida, puede perderse. La comida es sagrada y destruirla significa no valorar lo importante. Estas acciones se transforman en pecado mortal.

El destino pide poder entender el valor de las cosas. Es imprescindible, también, valorar a los otros.

EL PECADO.

351

Una mujer que llora recibe la presencia de un hada madrina que le habla y le da un mensaje esperanzador. Escuchar las palabras y sentir bendiciones es parte de la magia. Siempre existieron la luz y los mensajes mágicos.

El destino pide estar atento a las bendiciones y creer en el cambio y en la conexión con el más allá.

MIRAR ADENTRO.

352

Un hombre cuida un campo. Corta el césped y riega con agua la tierra. Recibe una inspiración tan fuerte que activa su energía y siente placer, amor y plenitud en su vida. Hacer lo que nos gusta, ponerle amor a todo, es parte de la vida. Sentir que llegan los premios también es maravilloso.

El destino pide disfrutar esa energía y darse cuenta de cuán valioso es haber trabajado tanto, entendiendo que la recompensa por el esfuerzo y el amor siempre llega.

LA PLENITUD.

353

Una mujer baila con alegría y transmite felicidad y gratitud. Sentir plenitud en la vida es maravilloso; poder transmitirlo, también.

El destino pide poder sentir cada cosa que nos va pasando pero entender también que los momentos de prueba se pueden superar sin dejar de divertirnos y de disfrutar, aunque nos duela el alma por los momentos de pena vividos día a día.

APRENDER A DISFRUTAR.

354

Sobre una mesa hay un mantel con muchos colores hermosos. Una merienda preparada para saborear. Dos personas discuten sin parar, no ven la belleza y la gratitud de estar bendecidos con esa mesa.

El destino pide poder entender las bendiciones que tenemos y generar cambios, sobre todo cuando uno vive en conflicto. El destino pide no ser egoísta y cuidar cada bendición que nos da la vida.

LOS VALORES VERDADEROS.

355

Un niño frente a una computadora juega sin parar, sin ver qué hay alrededor. Deja pasar su vida sin vivir las verdaderas cosas que lo completan y lo hacen crecer.

El destino pide entender cuáles son los momentos para hacer un cambio. Pedir ayuda si los caminos no se ven con claridad. Pide poder continuar con el crecimiento y el aprendizaje, y entender que hay cosas que no se pueden evitar, como la evolución, y que si se detienen, generan involución.

EL PROGRESO.

356

Unos niños juegan en una plaza, se divierten; mientras tanto, otros le arrojan piedras a la gente que pasa. El hecho de elegir los vínculos es muy importante, los niños están en crecimiento y en evolución constantes. Y uno a veces debe decidir qué vínculos frenan la evolución espiritual o la potencian.

El destino pide poder crecer y avanzar continuando la búsqueda del mejor camino para el crecimiento.

TENER CLARIDAD.

357

Un anciano sentado en la puerta de su casa ve pasar a muchas personas. Los transeúntes no miran al abuelo ni lo saludan. Él siente un gran vacío y tristeza por no haber evolucionado emocionalmente en su vida cotidiana. Respetar a nuestros ancestros es primordial. A veces las personas no nos damos cuenta de los valores.

El destino pide ayudar a los seres más necesitados de amor, demostrando a nuestros abuelos que son importantes en nuestra vida.

EL ENTENDIMIENTO.

358

Una araña trepada de una tela gigante está a punto de caer en la cabeza de una abuela que camina muy lento dentro de su casa. Andar distraídos por la vida puede provocar accidentes o sustos innecesarios.

El destino pide estar atento y observar el territorio para poder prevenir sustos y sorpresas no deseadas.

LA DISTRACCIÓN.

359

Una familia pierde todas sus pertenencias en un incendio. Se prende fuego su vivienda y esta se consume junto a todos sus sueños. Los miembros de la familia se sienten desconsolados al ver que esa llamarada arrasa con todos sus objetos. Esa pobre gente siente el dolor de la pérdida de sus pertenencias materiales y espirituales. Cuando uno recibe un aprendizaje de esa índole, se trata de una prueba del universo.

El destino pide entender las pruebas y calmar las ansias pensando que todo puede cambiar a pesar de estar sintiendo un gran dolor.

EL APRENDIZAJE.

360

Una mujer encuentra un cuaderno de plata cubierto de flores y al abrirlo se conecta con una energía especial. Siente alegría y una conexión particular con ese objeto.

El destino pide poder disfrutar de las bendiciones y leer los mensajes que recibes a través del universo. Los regalos y las sorpresas siempre son un buen augurio. El destino pide estar atento y bendecir cada regalo que la vida te entrega, aunque no sea nada material.

EL MENSAJE.

361

Un joven observa una espada brillante con unos diamantes sobre la punta. Recibe una luz dorada que traspasa todo el cielo. Cuando uno se conecta con lo sagrado, la vida siempre te bendice. La sabiduría de lo sagrado siempre llega.

El destino pide disfrutar de los momentos gratificantes pero también bendecir los períodos de desafío y de pruebas.

PROTECCIÓN DEL MÁS ALLÁ.

362

Una mujer solloza frente a una virgen que tiene entre sus manos unas rosas blancas. Rezar y pedir con fuerza a lo supremo es lo más importante. El corazón tiene capacidad de contactar con lo divino.

El destino pide poder sentir la energía fuerte y seguir creyendo que la fe cura, sana y da paz

LA DIVINIDAD.

363

Un niño cae en medio de una calle. El chico llora y pide a gritos por su madre. Busca a alguien para pedirle que lo ayude a encontrarla. El destino siempre pone pruebas, algunas dolorosas, otras de riesgo.

El destino pide poder entender las experiencias negativas y poder superarlas, aun cuando estas estén causando un gran dolor. Pide poder avanzar hacia delante intentando soltar la mochila del sufrimiento que se viene cargando.

MALAS EXPERIENCIAS.

364

Dos chicas bailan alegremente sin parar mientras otras dos personas se ríen de ellas y las dejan al descubierto. Cuando uno busca paz y amor en la vida, y disfruta sin que le importe el qué dirán, tiene la capacidad de conectarse con el propósito del alma. La envidia se hace presente y contamina todo el entorno.

El destino pide dejar de darle importancia a lo que piensen los demás. Pide aprender a relajarse y disfrutar lo más lindo de la vida.

LA ENVIDIA.

365

Un hombre ayuda a levantarse a otro que se acaba de caer al suelo. Ayudar a los demás es ley siempre. Cuando un ser está bloqueado y pasando por una prueba, el universo le pone alguien que le brinda su ayuda.

El destino pide dejarse ayudar y ser puente para socorrer al otro. Estar atento a las pruebas de la vida y perseverar a fin de lograr ser lo más felices posible con la colaboración de los demás.

LA SOLIDARIDAD.

ECOSISTEMA DIGITAL